Rosemarie Peer

Zufriedene Kindheit – erfolgreiche Schulzeit

Wie Konzentration gefördert werden kann

W0288625

www.bayerverlag.at

© Mag. Rosemarie Peer
rosemariepeer@hotmail.com
www.rosemariepeer.at

Foto Umschlag: y.k 0660 6001107

ISBN 978-3-902952-45-5

bayerverlag 2016
Verlag Karin Bayer, Wilhering

Gedruckt und gebunden bei Plöchl in Freistadt

Rosemarie Peer

Zufriedene Kindheit – erfolgreiche Schulzeit

Wie Konzentration gefördert werden kann

bayerverlag

INHALTSVERZEICHNIS

... für alle Kinder

dieser Welt...

DANKE an meine Eltern,

denn ihr gabt mir das Leben.

DANKE an meinen Mann und meine Kinder

für unser gemeinsames Sein.

DANKE an Frizzi Kahofer

für ihre Weisheit.

DANKE an meinen Deutsch-Professor (Erbs),

der mich ließ wie ich war und eben bin.

VORWORT

Mein Kind kann sich nicht konzentrieren!

Lukas spielt nicht alleine, er ist jetzt sechs Jahre alt und braucht immer einen Erwachsenen zum Spielen!

Meine Tochter macht was sie will. Sie hört nicht zu, befolgt keine Anweisungen. Wir wissen nicht mehr was wir tun sollen. Das ist schon seit ihrer Geburt so.

Lena kann nicht still sitzen! Das macht mich wahnsinnig! Seit sie auf der Welt ist, haben wir nicht mehr in Ruhe gemeinsam am Tisch gesessen und gegessen.

Mein Sohn ist hochintelligent! Das haben wir ausgetestet. Aber in der Schule passt er nicht auf, ist mit seinen Gedanken irgendwo und bringt nicht die Leistungen, die er bringen könnte.

Johannes kann nicht einschlafen! Es dauert Stunden bis er endlich schläft, dann schläft er unruhig und am Tag ist er unkonzentriert und unausgeglichen.

Mein Kind kann sich nicht konzentrieren!

Dies ist wohl der am häufigsten verwendete Satz in meiner Praxis. Verzweifelte Eltern suchen mich auf, weil sie nicht mehr weiter wissen. Ihr Kind, manchmal auch alle ihre Kinder, können sich nicht konzentrieren.

Warum, habe ich mich gefragt, ist Konzentration bzw. das Sich-nicht-konzentrieren-Können in unserer Zeit ein so großes Thema. Es scheint schon fast zur Volkskrankheit geworden zu sein.

Man hat noch keine Impfung dafür erfunden, aber Medikamente glaubt man schon dafür zu haben. Da ich keine Ärztin bin, kann ich zu diesem Thema keine großen Hilfestellungen anbieten.

Viele Eltern suchen ohnehin nach anderen Möglichkeiten.

Für mich ergeben sich vier zentrale Fragen:

Warum können sich so viele Kinder nicht konzentrieren?

Worauf können sich diese Kinder nicht konzentrieren?

Wie wirkt sich der Konzentrationsmangel im Alltag aus?

Was braucht es, um sich konzentrieren zu können?

Warum können sich Kinder nicht konzentrieren?

Muten wir unseren Kindern zu viel zu? Sind sie zu vielen kognitiven Anforderungen und Gehirnleistungen ausgeliefert? Vermitteln wir ihnen zu wenige Erfahrungen im Spüren, Fühlen und Wahrnehmen? Dürfen unsere Kinder noch Kinder sein, sich wohl fühlen und unbeschwert durchs Leben gehen?

Förderung beginnt mittlerweile in der Schwangerschaft. Musik von Mozart und Co. fördert die Intelligenz des Ungeborenen, das wissen alle. Aber weiß man auch, welche Erfahrungen ein Ungeborenes braucht, um sich wohl zu fühlen, Stille und Ruhe zu erleben und die Entwicklung von Wahrnehmung und Bewegung anzuregen? Haben diese Werte in unserer Gesellschaft noch eine Wichtigkeit? Damit ein Kind sich später einmal konzentrieren kann, sollten sie einen großen Stellenwert einnehmen.

Mit der Geburt ist der Förderungswahn nicht beendet. Ganz im Gegenteil, er vermehrt sich noch. Förderungen aller Art werden mit zunehmendem Alter immer mehr. Im Volksschulalter gibt es viele

Kinder, die keinen Nachmittag frei haben. Jeder Tag ist für eine andere Freizeitbeschäftigung verplant.

Die Anforderungen in der Schule nehmen jährlich zu. Heutzutage halten schon 7-jährige Kinder Referate und erklären ihren LehrerInnen wie man einen USB-Stick am Computer installiert, um eine Präsentation starten zu können.

Wo ist es zu viel, wo ist die Grenze, wann hört es auf? Sind Konzentrationsstörungen, ADS und ADHS ein Ausdruck davon, dass wir an eine Grenze des Machbaren angelangt sind? Zeigen diese Probleme uns auf, dass es an der Zeit ist uns zu besinnen, zur Ruhe zu kommen und uns dabei selber wieder zu finden? Kann das helfen, dass unsere Kinder wieder friedlicher, zufriedener und ganz natürlich leistungsfähiger werden?

Ich glaube schon! Gerade gestern hat mich eine Mutter wieder einmal bestätigt. Ihr Sohn leidet unter Konzentrationsstörungen und hat vor allem in Mathematik Schwierigkeiten. Vor den Ferien bat ich sie, mindestens 8 Wochen lang nichts zu tun, das Leben zu genießen und dem Kind seine Ferien zu gönnen. Meine Erklärungen, dass das Zentralnervensystem auch einmal Ruhe braucht, damit es nachreifen kann und gemachte Erfahrungen integrieren kann, dürften sie überzeugt haben. Als wir uns im September wieder trafen, war sie mir dankbar. Sie merkte, dass ihr Sohn nach den Ferien viel besser rechnen konnte. Die Pause hat dabei sicher mitgeholfen.

Worauf können sich Kinder nicht konzentrieren?

Kommen Eltern in meine Praxis und erzählen mir, dass sich ihr Kind nicht konzentrieren kann, dann versuche ich immer genau herauszufinden, was genau sie damit meinen.

Worauf können sich die Kinder nicht konzentrieren? Was macht das Kind wann?

Drei Aspekte sind mir dabei besonders oft aufgefallen.

Jenen Kindern fällt es schwer, ihre Hausübungen zügig zu erledigen und den verlangten Unterrichtsstoff zu lernen.

Da stellen sich mir immer wieder folgende Fragen: Ist unser Schulstoff noch zeitgemäß? Werden Inhalte so vermittelt, dass Kinder etwas damit anfangen können? Ist das, was gefordert wird normgerecht oder einfach zu viel?

Jenen Kindern fällt es schwer, den Eltern und sonstigen Bezugspersonen zuzuhören und Anforderungen korrekt auszuführen.

Lernen unsere Kinder zuzuhören? Müssen sie noch Aufträge erledigen oder wird ihnen ohnehin im normalen Alltagsleben vieles bis nahezu alles abgenommen?

Ganz egal welchen Schwerpunkt man in seinem Leben setzen will - akademisch, wissenschaftlich, künstlerisch, spirituell oder körperlich arbeitend - Abläufe des täglichen Lebens sind notwendig. Ohne diese Erfahrungen gemacht zu haben, kommt es im Leben früher oder später zu Schwierigkeiten.

Für viele Kinder stellt es eine Herausforderung dar, in die Küche zu gehen, die Besteckladе zu öffnen, einen Löffel herauszunehmen, die Besteckladе wieder zu schließen (!!ganz wichtig!!) und den Löffel auf den Tisch zu legen.

Diese einfachen, alltäglichen Abläufe sind eine Grundvoraussetzung für Konzentration.

Jenen Kindern fällt es schwer, sich auf andere Kinder und Erwachsene einzulassen.

Dieser Aspekt, ich möchte ihn Mitmenschlichkeit nennen, fehlt mir am meisten in unserer momentanen Gesellschaft. Oft geht es nur noch darum der Beste, der Erste, die Schnellste, die Klügste... zu sein. Wo sind Mitgefühl, sich auf mein Gegenüber einzupendeln, den anderen zu spüren und miteinander zu sein geblieben? Wenn ich Kindergruppen beobachte, habe ich manchmal (zum Glück nicht immer, es gibt sie noch die Mitmenschlichkeit) das Gefühl, hier steht eine Horde von Einzelkämpfern, die einsam und verloren nur ein Ziel verfolgt: der Beste, der Erste und die Schnellste zu sein.

Vielleicht möchten uns Kinder, die unter Konzentrationsstörungen leiden mitteilen, dass sie sich einsam fühlen, ihr Gegenüber brauchen und gemeinsam Ziele erreichen möchten. Beginnen wir doch unseren Kindern diese Zeit und dieses Gefühl wieder zu schenken. Ich bin überzeugt, dass sich das Konzentrationsvermögen verändert.

Wie wirkt sich der Konzentrationsmangel im Alltag aus?

Am meisten beklagen sich Eltern darüber, dass ihr Kind die geforderte Lernleistung nicht erbringt, kein Interesse am Lernen hat oder lange Zeit für die Hausübung aufwendet.

Ich betreue sehr viele Kinder und auch in meiner Freizeit bin ich von vielen Kindern umgeben. Bevor Kinder in die Schule gehen, freuen sich fast alle (ich kenne nur wenige Ausnahmen) auf die Schule. Oft schon drei Wochen danach oder spätestens nach zwei Jahren ist der Prozentsatz der Kinder, die sich nach den Ferien wieder auf die Schule bzw. das Lernen freut, sehr gering.

Das kann nicht mit rechten Dingen zugehen, da läuft doch etwas falsch!

Wieder einmal stelle ich mir die Frage: Warum ist unser Schulsystem noch immer nicht reformiert?

Man weiß, dass Menschen in den frühen Morgenstunden kein Leistungshoch haben. Warum beginnen unsere Schulen immer noch um 7.45 oder 8 Uhr?

Es ist bekannt, dass sich das Rechtschreibgewissen erst ab 10 Jahren entwickelt, vorher wird alles im Bildgedächtnis abgespeichert. Warum legt man immer noch, schon in der Volksschule, so großen Wert auf Rechtschreibung?

Es konnte nachgewiesen werden, dass die Feinmotorik bei Burschen erst ab ca. 8 Jahren so weit entwickelt ist, dass sie mühelos schreiben erlernen können. Warum müssen sie dies schon mit 6 Jahren erlernen?

Das sind nur ein paar wenige Beispiele, die Liste ließe sich endlos fortsetzen.

Es wundert mich nicht, dass so viele Kinder Lern- und Konzentrationsprobleme haben. Ich glaube sogar, dass sich das noch verschlimmern wird. Wenn wir wollen, dass sich etwas ändert, müssen Lehrpläne entrümpelt und neu aufgebaut werden, Didaktik muss umgestaltet werden und Strukturen gehören aufgebrochen und verändert.

Weiters beklagen sich Eltern, aber vor allem Lehrer, dass Kinder sich nicht in eine Gruppe einfügen können, aggressiv sind und durch ihr Verhalten stören oder nerven.

Was sind Verhaltensprobleme? Ein Kind zeigt sich verhalten, d.h. es gibt sich anders, als es eigentlich im tiefsten Innersten ist und sein will. Warum nur?

Ich kann mich nur wiederholen. Nach meinen Erfahrungen fehlt es diesen Kindern an Ruhe, Sicherheit, Geborgenheit, Vertrauen, Anerkennung und Achtung.

Aufmerksamkeitsdefizitsyndrom ist für mich ein sehr treffendes Wort, das aber völlig falsch interpretiert wurde. Laut Fachjargon heißt ADHS/ADS, dass ein Kind nicht die nötige Aufmerksamkeit aufbringen kann, um das von ihm geforderte zu leisten. Ich behaupte es heißt auch, dass ein Kind von der Gesellschaft nicht die nötige Aufmerksamkeit bekommt, um das von ihm geforderte leisten zu können.

Schlafprobleme, Allergien und Nahrungsmittelunverträglichkeiten werden immer mehr zum Problem.

Möglicherweise sind dies Hilfeschreie von unseren Kindern. Vielleicht möchten sie uns in etwa Folgendes mitteilen:

Es ist zu viel und wir können nicht mehr. Wir sind überfordert. Das, was ihr von uns wollt ist zu viel. Wir wissen, ihr wollt nur das Beste für uns. Das ist schön. Dennoch ist es zu viel, wir können nicht mehr. Und - es ist zu wenig. Zu wenig an Zeit zum gemeinsamen Genießen, Kochen, Wandern, Reden und still werden. Ihr lieben Erwachsenen, lasst uns umdenken und gemeinsam eine neue, lebenswürdige Welt gestalten.

(Diese Gedanken kommen nicht von mir. Jene Zeilen hat mir sinngemäß ein 9-jähriger Bub mitgeteilt.)

Am liebsten würde ich sagen: „Konzentration, gut aber aus!“, was ich natürlich nicht mache.

Darum habe ich mich auf den Weg gemacht und bin (nach Anleitung von Peter Rosegger) die Konzentration suchen gegangen…

Als Heilpädagogin und Mototherapeutin habe ich mir Gedanken gemacht, warum sich so viele Kinder nicht konzentrieren können. Es waren viele Gedanken… Teilweise sind sie wissenschaftlich belegt, teilweise entstammen sie meinen eigenen persönlichen Erfahrungen aus 25 Jahren Arbeit mit Kindern, Jugendlichen, Eltern und PädagogInnen sowie aus meinen Erlebnissen mit meinen eigenen vier Kindern.

Ich möchte Ihnen viel auf Ihren weiteren Weg mitgeben, kann Ihnen aber nicht alles geben, was Sie brauchen. Nehmen Sie sich so viel Sie brauchen und vergessen Sie den Rest wieder.

Seien sie sich bewusst:

Einiges hilft schnell und bringt einschneidende Veränderungen und Verbesserungen im Familienalltag. Anderes hilft vorübergehend und ist ein Wegweiser für den nächsten Entwicklungsschritt. Wieder andere Ideen helfen überhaupt nicht. Das ist in Ordnung. So funktioniert Pädagogik, so geschieht Erziehung, so ist das Leben.

Lassen Sie sich nicht entmutigen...

EINLEITUNG

Fachbuch:

Dieses Buch ist keine Zusammenfassung und kein Resümee von wissenschaftlich bewiesenen Fakten.

Ich stelle mir in diesem Zusammenhang immer die Frage: Was heißt "wissenschaftlich bewiesen"?

Seit meinem Studium erlebe ich immer wieder folgendes Procedere: Eine neue Idee wird geboren, wissenschaftlich getestet und für die absolute Wahrheit auserkoren. Fast die ganze Gesellschaft richtet sich danach. Nach einigen Jahren erfolglosen und erfolgreichen Tuns wird eine neue Idee geboren, wissenschaftlich getestet und für die absolute Wahrheit auserkoren. Die alte Idee wird verworfen und fast die ganze Gesellschaft richtet sich nach der neuen Idee...

Ein befreundeter Mediziner hat mir einmal erzählt, dass ein Medikament als wirksam erklärt wird und auf den Markt gebracht werden kann, wenn es bei 25% der Versuchsgruppe positiv getestet wurde. Ob das stimmt, weiß ich nicht genau. Aber ich stelle mir immer noch die Frage: Was heißt "wissenschaftlich bewiesen"?

Dieses Buch basiert auf meinen Erfahrungen, die sich aus folgenden Faktoren zusammensetzen:

- meinen Ausbildungen, meinem Studium
- meiner langjährigen Arbeit mit Kindern, Jugendlichen, Eltern und PädagogInnen
- meiner Erfahrung als Mutter, Ehefrau, Freundin, Frau, Mensch...
- meiner Wahrnehmung, meinem Denken, Fühlen, Sehen, Hören...

Möglicherweise ist für dich als LeserIn nicht alles passend und stimmig. Das ist gut so! Sei kritisch, hinterfrage, spüre nach, was für dich passend ist.

Das, was sich stimmig anfühlt, nimm dir mit. Ich wünsche dir viel Erfolg damit. Passend sind immer jene Dinge, die im Bauch ein angenehmes Gefühl erzeugen. Der Kopf hat damit nichts zu tun.

Übungen:

Mein Kind kann sich nicht konzentrieren! Können Sie uns helfen? Haben Sie Übungen für uns?

Ja, es gibt unzählige, hilfreiche Übungen und ich kenne auch eine Menge davon, die ich weitergeben kann.

Mir geht es aber nicht darum aufzuzeigen, wieviel ich weiß. Ich möchte gerne echte Hilfestellung geben.

In unserer Überflussgesellschaft gibt es immer "so schnell, so viel". Darum können sich unsere Kinder auch nicht mehr konzentrieren. Wozu auch? Kaum ist etwas da, ist es auch schon wieder weg. Unsere Kinder haben keinen Anlass mehr, sich auf etwas zu konzentrieren.

Ich gehe darum einen Schritt (oder mehrere Schritte) zurück und gebe nur wenige, effiziente Übungen weiter. Ganz nach dem Motto: Weniger ist mehr!

Darum findest du bei jedem Kapitel nur einige wenige Übungen und Anregungen. Wenn man eine Übung eine Weile konsequent durchführt, bekommt man ohnehin - ganz von selbst - ein Verständnis dafür, worum es geht. Aufgrund dieser inneren Erfahrung kann man die Übung selber weitergestalten und verändern oder zur nächsten Thematik weiter gehen.

Dieser Prozess, sich mit etwas länger und intensiv auseinanderzusetzen, etwas zu erfahren und die gemachten Erkenntnisse weiterzuentwickeln, ist ohnehin die beste Übung für Konzentration. Das ist Konzentration!

Ich möchte dich anregen dadurch bei dir selber anzukommen, denn dann kannst du dich auch konzentrieren.

Da wir Eltern unseren Kindern als Vorbilder und Spiegelbilder dienen, hilft es ihnen beim Erlernen ihrer Konzentration.

Anrede:

Eine weise Frau hat einmal zu mir gesagt:

"Die Seele kennt kein Sie!"

Da ich dieses Buch vor allem für die Seele der Menschen schreibe, habe ich beschlossen die du-Form zu wählen.

Weiters habe ich vor einiger Zeit entschieden, die meisten Menschen ohnehin mit du anzusprechen. Ich finde das Leben ist dadurch leichter, lustiger und unkomplizierter geworden.

Das leidige Gender-Thema:

Mir persönlich ist es egal, wie etwas geschrieben wird. Bei Dingen, die für mich stimmig sind, fühle ich mich angesprochen. Sind Themen für mich nicht passend, fühle ich mich nicht angesprochen. Ob Innen oder nicht dabei steht, hat darauf keinen Einfluss.

Außerdem ist mir bewusst, dass dieses Buch hauptsächlich Frauen lesen werden.

Damit sich aber alle weiblichen und männlichen Anteile angesprochen fühlen, habe ich beschlossen, je nach Stimmung manchmal die weibliche Form, dann wiederum die männliche Form zu verwenden.

KONZENTRATION UND GESELLSCHAFT

Die reinste Form des Wahnsinns ist es,

alles beim Alten zu belassen

und zu hoffen,

dass sich etwas ändert.

Albert Einstein

ZUSAMMEN ZUM MITTELPUNKT:

Definition: lateinisch: concerta - zusammen zum Mittelpunkt

Konzentration ist die willentliche Fokussierung der Aufmerksamkeit auf eine bestimmte Tätigkeit.

Dieses Phänomen hat in unserer Zeit immer weniger Bedeutung. Sich zentrieren, besinnen und auf einen Punkt hin bewegen findet kaum mehr statt.

Unsere Kinder lernen nicht mehr, sich auf etwas zu fokussieren. In unserer heutigen Zeit machen wir mindestens fünf Dinge gleichzeitig.

Wir sind durch Smartphones - und heutzutage haben schon 8-jährige Kinder Smartphones - ständig in verschiedenen Kanälen gleichzeitig erreichbar und mit unserer Aufmerksamkeit auf mehreren Ebenen gleichzeitig - ein wenig. Aber fokussieren wir uns noch für eine längere Zeit auf eine bestimmte Tätigkeit?

Ein Smartphone erfüllt viele Aufgaben gleichzeitig. Man kann damit telefonieren, SMS schreiben und empfangen, sich vernetzen, aktuelle Aktivitäten posten sowie Bilder und Nachrichten versenden.

Man macht nicht mehr einfach Urlaub, sondern postet ständig seine Erfahrungen und Erlebnisse. LehrerInnen haben in der Schule ihr Handy am Schreibtisch liegen und posten via Facebook während des Unterrichts. Wenn sich ein paar Freunde treffen, wird die Unterhaltung alle paar Minuten von den unterschiedlichsten Klingeltönen unterbrochen. Einer aus der Gruppe ist fast immer schnell mal abwesend, um zu schauen, was die Außenwelt Wichtiges mitzuteilen hat. Auch in der Nacht ist man online, damit man, nur zur Sicherheit, für die wichtigsten Personen im Leben erreichbar ist. Sogar Hausfrauen posten während des Kochens was sie gerade machen.

Multitasking ist ein Modewort geworden. Die Menschen hetzen durch die Welt und nehmen das Wesentliche - einen traurigen Menschen, einen blühenden Baum, eine besondere Wolkenformation - nicht mehr wahr.

Man fragt nicht mehr: Wie geht es dir? Sollte jemand dennoch fragen, kann man in 90 Prozent der Fälle davon ausgehen, dass dieser eine ehrliche Antwort nicht hören will. Meist ist es nur eine Höflichkeitsfloskel und der Fragende erwartet sich nur eine Antwort. Ein möglichst kurzes und prägnantes: "Danke, gut!"

In Amerika gibt es dafür eine Floskel. Jemand begegnet dir und sagt: "How do you do?" Es gibt darauf nur eine einzige richtige Antwort. Man sagt genau dasselbe, nämlich: "How do you do?" Nicht mehr und nicht weniger! Mein Mann kannte diesen Kodex nicht. Als wir in Amerika auf Campingplätzen Urlaub machten, war er ganz verwundert, dass ihn so viele fremde Menschen ansprachen, aber seine Antwort nicht hören wollten und weiter gingen.

Man hat keine Zeit mehr, sich damit auseinander zu setzen, was der andere will und möchte sich darauf nicht konzentrieren. Außerdem hat man, während man diese Frage gestellt hat, zwei Mails, eine SMS und mindestens eine Whats App Benachrichtigung bekommen, da möchte man schon nachschauen...

Meine Großeltern hatten eine Bäckerei. Die Aufgabe meiner Oma war unter anderem der Verkauf im Geschäft. Als sie starb, wollten wir eine Verabschiedung im kleinen Rahmen. Der Totengräber bat uns, das nicht zu tun und erklärte uns auch warum dies auf keinen Fall möglich sei. Er erzählte uns, dass viele Menschen bei meiner Oma Brot kauften, weil sie den Menschen zuhörte und wirklich wissen wollte wie es ihnen geht. Er wusste aus vielen Gesprächen mit Menschen, dass man zur Heidi geht, wenn man ein Problem hat. Ich bin überzeugt, dass meine Oma nicht immer des Rätsels Lösung wusste. Aber sie hat den Menschen zugehört und sich auf diese konzentriert. Das fand ich sehr schön.

Auf Facebook hat man 576 Freunde, aber um den einen wirklichen Freund, der gerade besondere Hilfe braucht, kümmert man sich nicht.

Eine der besten Konzentrationsübungen, die es gibt, ist folgende:

Kümmere dich um einen einzigen Freund (deinen Mann, dein Kind...) wirklich! Spüre nach, was er fühlt und denkt, was er gerade wirklich braucht. Fühle dich in ihn hinein und versuche zu erahnen, wann und wieviel Aufmerksamkeit er von dir braucht... Nimm dir dafür mindestens 4 Wochen Zeit.

Schreibe darüber Tagebuch und mache dir Notizen zu folgenden Punkten:

- *Wie geht es dir dabei?*
- *Welche Erfahrungen machst du?*
- *Verändert sich etwas in deinem Leben?*
- *Verändert sich diese Beziehung?*

Wir sind Vorbilder für unsere Kinder, vieles ahmen sie uns nach. Wie sollen sie sich bei diesem stressigen Leben konzentrieren und ihre Aufmerksamkeit auf eine Tätigkeit fokussieren können?

Sich konzentrieren können hat viel mit sich selbst zu tun. Wenn ich mich selbst nicht kenne, mich nicht wahrnehme und anerkenne, kann ich mich auch nicht konzentrieren. Denn konzentrieren meint, sich auf sich selbst zu besinnen, mit sich selbst im Klaren zu sein, bei sich anzukommen und sich anzunehmen, wie man ist.

Ein Mensch der gelernt hat ganz bei sich zu sein, sich zu sammeln und aus seiner inneren Mitte heraus zu handeln, ist fähig das zu leisten, was wir unter Konzentration verstehen.

Unsere heutige Zeit erlaubt es nicht, sich zu besinnen und zur eigenen Mitte zu finden.

Wir leben in einer sehr schnelllebigen Zeit. Alles muss sofort passieren. Oft habe ich das Gefühl wir schwimmen auf der Oberfläche dahin. Auf keinen Fall inne halten und erfahren, was unter uns, über uns und rings um uns passiert.

Menschen, die bewusster, entschleunigter leben, sind in der Gesellschaft nicht besonders beliebt. Das macht Umstände und ist unbequem. Solche Menschen könnten einem das Gefühl vermitteln, dass man selbst genauer spüren und in die Tiefe gehen sollte.

Auch in den Schulen sind diese Fähigkeiten immer weniger gefragt. Ein guter Schüler ist jener, der schnell einen gewünschten Lernstoff problemlos wiedergeben kann. Dinge zu hinterfragen, bei einer Thematik zu verweilen, sich Zeit nehmen und das Neue auf sich wirken lassen und es zu verinnerlichen sind Fähigkeiten, die meist sogar negativ bewertet werden.

Unser Lebensrhythmus wird immer schneller. Ich hoffe, wir können das Tempo in Zukunft wieder etwas reduzieren, damit wir uns wieder besinnen, bei uns und dadurch bei unserem Gegenüber ankommen. Genauso, wie am Beginn in der Definition beschrieben: zusammen zum Mittelpunkt zu kommen.

Eine Übung, die hilft bei sich bzw. beim Mittelpunkt anzukommen, habe ich in San Francisco bei Mea Schneider gelernt.

Mea Schneider bezeichnet sich als Augentherapeut, der sich selbst von seiner Blindheit befreit hat. Ich lernte ihn als sehr liebenswerten, fröhlichen, lebhaften und dennoch in seiner Mitte ruhenden Menschen kennen.

Literatur: Schneider Mea, Mein Augenbuch

Palmieren:

- *bequem sitzen, Ellbogen am Tisch abstützen, bei Bedarf einen Polster oder eine Decke unterlegen*
- *es ist wichtig, dass die Ellbogen entspannt und nicht zu hoch aufliegen, damit der Nacken entspannt wird*
- *die Handflächen zum Wärmen leicht aneinander reiben und anschließend sehr sanft über die Augenhöhlen legen*
- *die Handflächen dürfen die Augenlider nicht berühren*
- *fühle für ca. 6 Minuten die Wärme der Hände und die Dunkelheit die dich beschützend umgibt*

Laut Mea Schneider praktizieren tibetische Yogis diese Übung schon seit mehr als 1500 Jahren.

Unsere Augen können sich im Schlaf nicht mehr ausreichend regenerieren, weil wir ständig verschiedensten Reizen wie Geräuschen, Lichtverschmutzung, Strahlenbelastungen ausgesetzt sind.

Palmieren hilft die Augen völlig zu entspannen und folglich den Geist zu beruhigen. Beides hat einen sehr positiven Einfluss auf unser Wohlbefinden, unsere Leistungsfähigkeit und Konzentration.

KONZENTRATION IST EIN LEBENSKONZEPT

Konzentration ist eine Tugend, die gelebt werden soll und nicht etwas, das man nur lernen oder trainieren muss. Um sich gut konzentrieren zu können, braucht es eine bestimmte Lebensweise und -einstellung. Werden bestimmte Wertigkeiten konsequent durchgeführt, verinnerlicht und gelebt, dann kann sich ein Kind auch konzentrieren.

Mein Ziel ist es, dich anzuregen, dein Leben, das deiner Kinder und deiner Familie umzugestalten. Es geht mir darum, bestimmte Werte in den Alltag zu integrieren, damit es wieder friedvoller und lebenswerter werden kann.

Wir leben in einer künstlichen Welt. Was ist noch real?

Politik, Journalismus, Bankenwesen - alles wird gemacht und zwar auf einer fiktiven Ebene.

Unser Leben ist von Computern bestimmt. Viele Kinder verbringen lange Zeit mit Computerspielen, die nicht viel mit der realen Welt zu tun haben. Beschäftigen sich Kinder sehr lange mit Computerspielen, verschwimmen Realität und Wirklichkeit. Das kindliche Gehirn ist noch im Wachstum, in Veränderung und nicht auf diese raschen, intensiven Wechsel von Virtualität und Wirklichkeit ausgerichtet. Es gibt Untersuchungen, die bestätigen, dass Kinder die viel Zeit damit verbringen virtuelle Rennfahrerspiele zu konsumieren, im realen Leben Geschwindigkeiten nicht mehr richtig abschätzen können.

Ich stelle mir oft die Frage: "Was machen Kriegsspiele mit unserer künftigen Generation?" Jeder der spielt will gewinnen. Bei diesen Spielen kann man nur gewinnen, wenn man möglichst viele Personen umbringt. Die Konsequenzen eines Mordes werden aber nicht vermittelt. Es fließt kein Blut, niemand steht daneben und weint. Emotionen und Schmerzen sind in diesen Spielen nicht enthalten.

Fast Food bestimmt immer mehr unser Leben. Damit meine ich nicht nur Fastfood Ketten, auch in der Küche zu Hause hat Fast Food Einzug gehalten. Michael Niavarani hat in einem Interview etwas Interessantes erzählt. Er las in einem Buch (leider hat er den Buchtitel nicht genannt und ich konnte ihn nicht eruieren), dass wir Kochen als anstrengend empfinden. Was in unserer Gesellschaft als anstrengend empfunden wird, wird bekanntlich wegrationalisiert. So ist es auch mit dem Kochen passiert. Wir bekamen Fast Food Ketten und Fertiggerichte. Erstaunlicherweise aber boomen Kochsendungen und Kochbücher wie nie zuvor. Es sieht so aus, als würden wir etwas vermissen. Auf diese Weise versuchen wir das, was unserer Wahrnehmung und unserem Empfinden verloren gegangen ist, in die Gefühlswelt zurück zu holen. Ich erwähnte schon, wir leben in einer künstlichen Welt!

Wie sollen unsere Kinder in so einer Welt Halt finden? Wie kann es bei solch einer Lebensweise gelingen sich zu orientieren? Wohl nur, wenn wir unsere Lebensgewohnheiten überdenken und verändern.

Wenn unseren Kindern Konzentration wieder leichter fallen soll, brauchen sie Realität und natürliche Abläufe. Wir müssen uns fragen, welche Werte uns wichtig sind und wie wir diese in unser Leben integrieren wollen.

In unserer modernen Welt gehen Werte, wie Einfühlungsvermögen, Empathie, Friede, Ruhe und Stille nach und nach verloren. Gleichzeitig suchen immer mehr Eltern, Pädagogen und Kinder nach diesen Werten, die Hilfe und Orientierung im Leben bieten.

Laut Wikipedia versteht man unter Wertorientierung die Ausrichtung des Denkens und Handelns nach ideellen Werten. Unter ideellen Werten versteht man jene, die sich nach sozialen Maßstäben ausrichten und eine Reifung der Persönlichkeit bedeuten. Sie dienen nicht vorrangig dazu seinen Gewinn zu vermehren.

Werte werden im Normalfall über Sozialisation an die nächste Generation weitergegeben. Dies geschieht nicht vollständig und vor allem in den westlichen Industrieländern kann ein ständiger Wertewandel beobachtet werden.

Ob sich dieser Wertewandel positiv oder negativ auf die Gesellschaft auswirkt, kann nicht eindeutig mit ja oder nein beantwortet werden. Natürlich hat sich unser Leben dadurch verbessert, ist angenehmer und teilweise auch einfacher geworden. Aber gewisse Dinge sind uns verloren gegangen und die Auswirkungen davon können wir immer mehr, vor allem bei unseren Kindern, erkennen.

Alle ideellen Werte anzusprechen würde den Rahmen dieses Buches sprengen. Daher beziehe ich mich im Folgenden auf die Erfahrungen meiner Arbeit und gehe auf jene Werte ein, die in meiner Praxis thematisiert wurden.

Unsere Welt verändert sich, wir entwickeln uns weiter und das ist gut so. Vieles ist leichter geworden, wenn auch meist nur in der industrialisierten Welt. Bei uns sterben nicht mehr so viele Menschen auf Grund von Krankheit und Hunger. Alle bekommen eine Schulausbildung und egal aus welcher sozialen Herkunft, rein theoretisch kann jeder den Beruf erlernen, den er gerne möchte.

Nicht nur Lebenssituationen, sondern auch Wertigkeiten sind in Veränderung. Viele Ansichten und Vorschriften sind nicht mehr vorhanden und geben uns mehr Freiheit in unserem Tun. Möglicherweise ist unser Leben dadurch auch vielfältiger geworden. Einengende Vorschriften haben heutzutage keine Bedeutung mehr. Vor allem Frauen haben mehr Möglichkeiten, ihr Leben nach ihren Vorstellungen zu gestalten.

Leider sind nicht nur hindernde Faktoren verloren gegangen, ich vermisse auch einige positive Wertigkeiten in unserer Gesellschaft.

Was mir am meisten fehlt, ist Einfühlungsvermögen. Wenn ich Kindergruppen, aber auch Erwachsene beobachte, bekomme ich manches Mal Angst. Auf dem Spielplatz prügeln sich zwei Burschen, alle schauen zu und keiner greift ein. Das kann ich noch nachvollziehen, ich habe es einmal versucht und bin dabei mit einem blauen Auge davon gekommen - im wahrsten Sinne des Wortes. Was mich aber schockiert ist das, was sich bei dieser Situation noch zugetragen hat. Die anderen Kinder haben nicht nur zugeschaut, sondern das Geschehen mit der Kamera des Smartphones fotografiert. Ob das Foto online gestellt wurde, will ich gar nicht wissen.

Viele spüren sich selbst nicht mehr und können sich auch in ihr Gegenüber nicht mehr einfühlen. Das finde ich bedenklich. Einfühlungsvermögen ist für mich eine der wichtigsten Eigenschaften für unsere Gesellschaft. Wenn wir das nicht mehr können, habe ich für unser soziales Miteinander wenig Hoffnung. Wir Menschen sind Herdentiere, wir brauchen uns gegenseitig und sind nicht dazu geschaffen völlig alleine zu leben. Um miteinander gut zurecht zu kommen, muss ich mich in andere Menschen hineinversetzen können. Wenn wir wollen, dass auch in Zukunft auf dieser Erde ein friedliches Miteinander herrscht (zumindest in kleinen Gruppen, denn auf ganzer Ebene haben wir es noch nie geschafft), dann ist es höchste Zeit, Einfühlungsvermögen in unseren Alltag zu integrieren.

Was braucht man, damit es möglich ist, sich in einen anderen Menschen hineinzuversetzen? Man muss sich selber spüren, dazu braucht es Ruhe. Bin ich bei mir, nehme ich mir Zeit und Muße und gebe Stille wieder Raum. Dann brauche ich Einfühlungsvermögen nicht zu lernen, es passiert so ganz von selbst.

Weiterentwicklung bringt auch neue Wertigkeiten mit sich. Wir sind durch technische Hilfsmittel viel freier und flexibler geworden. Diese neue Lebensweise bringt uns viele Möglichkeiten. Wir können leichter und weiter reisen, mehr erlernen und erleben. Grenzen verschwinden, wir sind weltoffener geworden und haben möglicherweise mehr Spaß am Leben.

Aber macht uns das wirklich glücklicher? Fehlt uns nicht doch etwas im Leben? Schnelllebigkeit, Aktivität, Spaß fordern ihren Tribut. Stress und Druck sind in unser Leben eingezogen. Viele Menschen leiden darunter, Burnout ist zur Volkskrankheit geworden. Mittlerweile leiden auch Kinder unter Stress, Burnout, Depressionen und Konzentrationsstörungen.

Immer öfter wird nun von Entschleunigung gesprochen. Mir gefällt dieses Wort. Genau danach ruft unsere Seele. Unser Leben muss wieder langsamer werden, wir brauchen wieder Zeit zum Atmen und zur Besinnung. Vor kurzem habe ich mich selbst sagen hören: "Ich glaube das Leben lebt mich." Das hat mich sehr nachdenklich gemacht. Wir müssen wieder die Führung in unserem Leben übernehmen. Es ist an der Zeit das zu leben, was der Körper, die Seele und der Geist gerade brauchen und nicht was uns die Medien vermitteln.

GESELLSCHAFTSFORMEN UND KONZENTRATION

Unsere Gesellschaftsstruktur verändert sich rasant. Für Kinder hat sich vor allem die Familienstruktur stark verändert. In meiner Volksschulklasse waren eine Freundin und ich die einzigen Kinder, die mit einem Stiefvater aufwuchsen. Mein Sohn war in seiner Volksschulklasse fast der einzige Bub, der in einer intakten Familie aufwuchs. Das sollte uns zu denken geben. Ich will damit nicht ausdrücken, dass nur eine intakte Familie eine gute Familie ist. Jede Familienform kann gut oder schlecht sein. Aber wenn sich Strukturen ändern, müssen sich auch unsere Lebensgewohnheiten ändern.

Was bedeutet es für Kinder deren Eltern geschieden sind und daher zwischen zwei Haushalten hin und her pendeln müssen? Diese Kinder lernen anpassungsfähig zu sein. Mehrmals im Monat müssen sie sich auf eine veränderte Umgebung einstellen. In einer meiner Ausbildungen habe ich gelernt, dass unser Wahrnehmungssystem bei einem Umzug mindestens 6 Wochen braucht, damit es wieder ganz zielsicher im Dunklen z.B. einen Lichtschalter ertasten kann. Das Wahrnehmungssystem dieser Kinder muss sich mehrmals im Monat auf eine veränderte Situation einstellen. Es muss nicht unbedingt ein Nachteil sein, Kinder können dadurch sehr flexibel werden. Aber es bedeutet, dass man den Alltag dieser Kinder umgestalten muss. Sie brauchen andere Ruhe- und Auszeiten.

Wir leben in einer Wegwerf- und Überflussgesellschaft. Großeltern und Eltern übertrumpfen sich gegenseitig dabei Kinder zu verwöhnen. Sie werden mit Spielen überhäuft, fast jedes Kind hat ein eigenes Zimmer deren Einrichtung mindestens 1-2 mal völlig ausgetauscht wird, jeder Nachmittag ist angefüllt mit sinnvoller Freizeitbeschäftigung und mindestens ein Familienmitglied hat einen zweiten Beruf, nämlich Taxifahrer für die Kinder, weil diese nicht zu Fuß zur Schule und zu diversen Aktivitäten gehen können. Nach einem Vortrag, bei dem ich dieses und ähnliches ansprach, kam am Ende eine Mutter zu mir und bedankte sich bei mir mit folgenden Worten: "Heute ist mir dank Ihnen etwas klar geworden. Ich dachte immer, unsere Kinder haben es im Vergleich zu uns früher richtig gut. Seit heute Abend weiß ich, dass es umgekehrt ist. Wir hatten noch eine glückliche Kindheit, unsere Kinder sind arm dran."

Kinder brauchen eine Familie, stabile Bezugspersonen auf die sie sich verlassen können. Geliebte Menschen, die sie durchs Leben begleiten. Viele Kinder haben verlernt oder erst gar nicht gelernt, sich auf jemanden einzulassen. Ich habe in meiner beruflichen Tätigkeit viele Kinder kennen gelernt, die sich von klein auf ständig auf neue Bezugspersonen einlassen mussten. Dies oft aus verschiedensten Gründen. Einige hat das Schicksal beschert und konnten nicht verhindert werden, andere waren wohl auch von den Eltern und Erziehungsberechtigten selbst verschuldet. Eines aber haben diese Kinder alle gemeinsam, sie konnten sich schwer oder überhaupt nicht auf ihr Gegenüber ganz ungehindert einlassen. "Was hat das mit Konzentration zu tun?", fragst du dich. Denke einmal nach, was genau passiert, wenn du dich intensiv konzentrierst. Du bist bei einem Thema, in dieses versunken. Du lässt dich voll und ganz auf die Thematik ein. Du lässt dich darin fallen, ohne nachzudenken, ohne Vorsicht. Wem glaubst du wird dieser Prozess leichter fallen? Einem Kind, dass erleben durfte sich auf eine Person zu verlassen oder ein Kind das diese Erfahrung nicht oder nur mangelhaft erleben konnte? Konzentration hat demnach auch etwas mit Vertrauen zu tun.

Nicht immer haben Menschen das Glück ihre Eltern als stabile Bezugspersonen zu erleben. Das muss nicht gewertet werden, es passiert einfach im Leben. Tritt diese Situation ein, ist es daher besonders wichtig, dafür zu sorgen, dass das Kind jemand anderen als verlässlichen Begleiter bekommt. Diese Aufgabe können verschiedenste Menschen übernehmen: Großeltern, Onkeln, Tanten, Freunde... Wichtig ist, dass ein Kind ein oder mehrere Bezugspersonen hat, auf die es sich verlassen kann. Diese können auch ausfallen. Dann ist es notwendig mit dem betroffenen Kind darüber zu sprechen und für eine neue passende Bezugsperson zu sorgen.

Natürlich sind unsere Kinder auch glücklich und leben ein lebenswertes Leben. Dennoch zeigen sie uns mit ihren Thematiken und Problemen auf, dass wir bestimmte Dinge beachten sollten.

Es täte uns allen gut, wenn wir die Kinderzimmer entrümpeln und uns auf weniger besinnen. Meistens spielen wir dann wieder gemeinsam! Mir selber ist es schon oft passiert und auch Eltern, die meine Praxis aufsuchten, haben mir das bestätigt.

Kinder können alleine zur Schule oder zu Freunden gehen, auch wenn es regnet und sie nass werden. Es gibt bekanntlich kein schlechtes Wetter, es gibt nur schlechte Kleidung. Wir nehmen unseren Kindern viele Erfahrungen und viel Spaß, wenn wir ihnen diese Wege verwehren.

Das Wichtigste, so scheint mir, ist gemeinsam verbrachte Zeit. Vor einigen Jahren hatten wir einmal wegen starken Schneefalls für längere Zeit einen Stromausfall. Wir zündeten Kerzen an und saßen alle um den Wohnzimmertisch. Ohne irgendein Zutun begannen wir sehr schnell uns Geschichten zu erzählen. Durch den Stromausfall konnten wir nicht viel anderes tun. Wir bekamen Zeit geschenkt, es war ein wunderschöner Abend.

Oft kommt es mir so vor, dass wir durch die Vielzahl an Angeboten völlig orientierungslos geworden sind. Man weiß nicht mehr, was man noch machen soll. Alles ist leistbar, einfach zu haben und schnell auszuführen. Etwas Wesentliches geht dabei leider verloren, nämlich zu spüren, was ich brauche. Innehalten, nachdenken, auf die innere Stimme hören und dann entscheiden, sind in unserer Gesellschaft fast schon utopische Verhaltensweisen geworden. Wir lassen uns von den Medien bestimmen, sie sagen uns, was gut für uns ist. Warum setzen wir uns nicht mehr mit dem was ist auseinander und lassen uns von einer höheren Ordnung führen? Wunderst du dich immer noch, warum sich so viele Kinder nicht mehr konzentrieren können?

Grenzen sind aus unserem Leben verschwunden. Innerhalb von Europa passieren wir keine mehr, durch das Internet sind uns im Bereich Kommunikation und Konsum keine Grenzen gesetzt. Leider sind sie auch aus unserer Erziehung verschwunden. Liebevoll gesetzte Grenzen geben Raum und Sicherheit. Habe ich meinen eigenen, inneren Raum und fühle mich sicher, kann ich mich auch viel besser konzentrieren. Aus meiner eigenen Erfahrung kann ich ihnen nur sagen, dass ihr keine Scheu haben sollt, ihren Kindern liebevolle, sinnhafte Grenzen zu setzen. Kinder sind darüber meist sehr dankbar. Natürlich distanziere ich mich von Grenzen, die Kindern Angst machen oder sogar schädigen. Grenzen zu setzen heißt, beim Kind zu sein, zu spüren was es braucht, Hilfestellungen anzubieten und gemeinsam mit dem Kind auszuprobieren.

Oft frage ich Eltern, ob sich ihr Kind ausdauernd mit etwas beschäftigen kann. Meist bekomme ich ein und dieselbe Antwort: "Ja, mit dem Handy und bei Computerspielen schon!" Bei diesen Tätigkeiten hat das Gehirn eine große Informationsflut zu bewältigen, es herrscht ständig Bewegung und Aktion. Daher kann ich persönlich in diesem Fall nicht von Ausdauer sprechen.

Mit Ausdauer meine ich, sich länger mit einer Thematik auseinander zu setzen, an etwas dranbleiben, etwas zu versuchen, zu scheitern, neue Lösungen auszuprobieren und zu finden. Kinder brauchen diese Erfahrungen, damit sie sich konzentrieren können. Das ist eigentlich Konzentration. Können sie diesen Ablauf im Alltagsleben erfahren und trainieren, dann ist es ihnen auch möglich sich in der Schule und beim Lernen zu konzentrieren.

Folglich hat Konzentration viel mit unserer Gesellschaft zu tun. Oft frage ich mich, was der Gesellschaft die Menschen wert sind. Es scheint, als wäre es nur noch wichtig Profit zu machen und Spaß zu haben. Ohne Rücksicht auf Verluste und das seelische Wohlergehen sowie die Zukunft unserer Kinder. Geht es nur noch darum zu funktionieren, zu konsumieren, damit sich andere bereichern können? Sind wir zur absoluten Spaßgesellschaft degradiert? Ein Spaß, der auf Dauer keinen Wert besitzt, weil er nicht ins Fühlen geht. Wir brauchen einen tieferen Sinn in unserem Leben, ohne können wir nicht existieren. Menschen, die keine Ziele im Leben mehr haben, werden depressiv oder physisch krank.

Aber vergessen wir nicht, wir sind die Gesellschaft und wir bestimmen, was wichtig ist. Wenn Eltern und PädagogInnen sich wieder zurückbesinnen, dann kann sich vieles ändern.

Unsere Kinder brauchen Werte wie Ruhe, Frieden, Stille, Empathie, Freundschaft, Vertrauen, Sicherheit, Liebe uvm., damit sie sich geborgen fühlen und sich Konzentration ganz von selbst entwickeln kann.

Wenn ich junge Menschen heutzutage in ihrem Umgang miteinander betrachte, frage ich mich oft: "Welche Bedeutung hat Freundschaft in der heutigen Zeit?" Auch Freundschaften haben sich verändert. Über Social Media ist man mit so vielen Menschen so schnell verbunden. Jeder weiß über den anderen Bescheid. Aber weiß man wirklich Bescheid? Weiß man, wie der Freund fühlt, was er denkt, wie es ihm geht? Ich denke auch bei Freundschaften haben Oberflächlichkeit und Virtualität Einzug gehalten. Um auf das Thema dieses Buches zurück zu kommen, auch im zwischenmenschlichen Bereich konzentrieren wir uns nicht mehr wirklich aufeinander. Wiederum geht eine Lebensweise, die uns lehrt, sich auf mich und andere zu konzentrieren verloren.

Vor kurzem erzählte mir einer meiner Söhne folgende Geschichte: Er war mit seiner Freundin und anderen Freunden bei einem Gebirgsbach zum Grillen und Feiern. Um 22 Uhr erhielten sie einen Anruf von einer gemeinsamen Freundin. Deren Freund hatte die Beziehung gerade beendet und sie suchte Trost. Alle packten zusammen. Ein Teil der Gruppe fuhr zu uns nach Hause, um die Sitzgarnitur auf der Terrasse aufzubauen. Zwei Freunde holten die verlassene Freundin, das war ein Weg von insgesamt 35 Kilometern. Gemeinsam haben sie den Abend bzw. die Nacht verbracht und dem Mädchen das Gefühl gegeben, dass sie nicht alleine ist. Das gibt mir Hoffnung.

Wenn du möchtest, dass dein Kind sich konzentrieren kann, dann hilf ihm dabei, Freundschaften aufzubauen, zu pflegen und lehre ihm, was es heißt, füreinander da zu sein. Wir alle wissen wie das geht, wir tun es nur nicht mehr.

Konzentration braucht Freundschaften, aber auch Auszeiten. In meiner Praxis sitzen immer wieder besorgte Mütter. Sie sorgen sich um ihr Kind, weil es am Nachmittag niemanden einladen oder besuchen will und nichts unternehmen möchte. Das Kind will nur alleine in seinem Zimmer sein und sich mit sich selbst beschäftigen. "Ob das denn normal sei?", fragen sie mich. Ich freue mich immer über das Verhalten dieser Kinder, denn ich finde es völlig normal. Unsere Kinder werden am Vormittag im Kindergarten und in der Schule auf einem sehr hohen Niveau gefordert. Sie sitzen in kleinen Räumen, mit vielen anderen Kindern zusammen. Viele sind am Nachmittag auch noch im Hort. Meist sind auch die Wochenenden durchgeplant und ereignisreich.

Ja, ich finde es völlig normal, wenn Kinder sich einige Stunden am Tag mit sich selbst beschäftigen wollen. Ich erachte es sogar als notwendig. Unser Hirn braucht Auszeiten, Zeit für nichts, freie Zeiten ohne Input, damit es sich am nächsten Tag wieder konzentrieren kann.

Es ist schön und entspannend sich mit etwas zu beschäftigen, selbständig nach Lösungen zu suchen, in einer Tätigkeit ganz zu versinken. Wenn dieses Verhalten unter "Autismus-Spektrums-Störungen" fällt, dann leide ich auch darunter!

Rituale geben Sicherheit und helfen zu sich selbst zu finden. Leider verschwinden sie immer mehr aus unserem Leben. Möglicherweise sind sie negativ besetzt, weil es in früheren Zeiten sehr viele strenge und einengende Rituale gab. Aber das war nicht immer so. Rituale können etwas sehr Schönes, Hilfreiches, Befreiendes sein. Vor allem Kinder lieben Rituale.

Möchte man Rituale ins Familienleben integrieren, muss man nur wenige Dinge beachten. Sie haben einen Anfang und ein Ende. Dazwischen passiert Handlung. Diese muss mit den Kindern abgesprochen sein und sich verlässlich wiederholen. Die Handlung kann, wenn nötig, verändert werden. Veränderungen müssen aber mit dem Kind vorher abgesprochen werden.

Wenn man Rituale regelmäßig durchführt, werden auch ganz von selbst einige Werte gelebt, die ich für wesentlich halte, damit sich Kinder konzentrieren können.

Man lernt wieder inne zu halten. Täglich ausgeführte, gleichbleibende Rituale bewirken eine inputfreie Zeit. Durch das tägliche Wiederholen halte ich inne, werde ruhiger und komme bei mir selber an. Einem Menschen, der in seiner Mitte ist, fällt es leichter sich bei Bedarf auf Neues zu konzentrieren.

Ist man bei sich angekommen, beginnt man ganz automatisch den Ist-Zustand wahrzunehmen und aus einem tieferen inneren Sein heraus zu reagieren. Ganz ehrlich, braucht man nicht genau diese Fähigkeiten, damit man sich konzentrieren kann?

Einen weiteren positiven Effekt, denn ich beobachten konnte, wenn man regelmäßig Rituale durchführt, ist Dankbarkeit. Eine Eigenschaft die ich als sehr wesentlich in unserem Leben erachte, ob ich mich nun konzentrieren kann oder nicht.

Konzentration braucht Mut und Ausdauer, zwei Eigenschaften die in unsere Gesellschaft immer weniger oder völlig verkehrt gelebt werden. Es gibt viele Situationen, bei denen man glaubt, Mut beweisen zu können. Bungeejumping, Fallschirmspringen uvm. sind gerade sehr populär. Aber geht es hier wirklich um Mut? Besser, höher, stärker und vor allem schnell - ein kurzer Kick und man glaubt der mutigste Mensch zu sein.

Braucht Mut nicht auch Ausdauer und ein In-sich-Gehen? Mut gehört gelebt, verinnerlicht, gespürt und wahrgenommen. Mut bedeutet für mich, sich über einen längeren Zeitraum mit einem Thema, das einen fordert, auseinander zu setzen. Nur so kann sich unser Zentralnervensystem intensiv damit auseinander setzen und die Gefühle, die Mut brauchen, verarbeiten und abspeichern. Nur dann kann die Fähigkeit Mut im Gehirn integriert und in neuen Lebenssituationen wieder abgerufen werden.

Mut heißt auch Dinge immer wieder auszuprobieren, etwas das geglückt ist zu wiederholen, etwas Misslungenes zu verwerfen und neue Methoden zu integrieren. Wer sich diese Fähigkeit zu Eigen gemacht hat, kann sich auch besser konzentrieren.

Ein Mensch, der nicht gelernt hat, sich ausdauernd mit etwas zu beschäftigen, kann sich auch nicht konzentrieren. Unser modernes Leben verlangt von uns keine Ausdauer mehr. Dabei wäre es so wichtig bei einer Sache länger zu verweilen, nicht gleich aufzugeben und sich dem nächsten zuzuwenden. Sich intensiv mit einer Sache auseinander zu setzen, dabei zu bleiben, ausdauernd zu sein, fördert nicht nur die Konzentration, sondern auch das seelische und körperliche Wohlbefinden.

Wie kann man bei Kindern Ausdauer fördern? Achte darauf, dass ihr Spiele zu Ende spielt und gib deinem Kind nicht die Chance gleich aufzuhören, wenn es keinen Spaß mehr daran hat oder am Verlieren ist. Gib deinem Kind die Möglichkeit, durch den eventuell aufkommenden Frust hindurchzugehen und dadurch neue Erfahrungen zu machen. Es ist ein wunderbares Gefühl, den Frust hinter sich zu lassen, weiterzumachen, neue Erkenntnisse zu gewinnen und etwas zu Ende zu bringen. Es gibt noch viele Möglichkeiten Ausdauer zu trainieren, z.B. beim Wandern, Kochen, Lesen uvm. Der Alltag bietet uns dazu unzählige Möglichkeiten.

Was hat das alles für einen Sinn? Wozu brauche ich das? Dies sind Fragen, die mir nicht von den Eltern gestellt werden, sondern von den Kindern. Ich erlebe viele frustrierte Kinder und Jugendliche, ohne Orientierung und Ziele. Menschen müssen einen Sinn erkennen können in dem, was sie tun. Leider ist es oft nicht leicht zu erkennen, welchen Sinn Schule macht. Ich wage zu behaupten, dass der Sinn oft nicht einmal mehr vorhanden ist. Unser Schulsystem ist angefüllt mit sinnlosen Faktenwissen. Ich kann diese Kinder nur zu gut verstehen, mir ist es in meiner Schulzeit ähnlich ergangen. Schule und Lehrpläne gehören reformiert, gründlich und schnellstens. Aber dazu gehe ich in einem späteren Kapitel noch genauer ein.

Es gibt aber auch Dinge, die vermittelt werden müssen, die ein Heranwachsender erfahren muss. Das muss keinesfalls frustrierend sein. Kinder sind sehr offen und verständnisvoll, wenn man ihnen den Sinn erklärt. Spricht man mit ihnen, können sie einen tieferen Sinn für ihre Tätigkeiten und Pflichten erkennen, dann sind sie fast immer bereit sich darauf einzulassen.

Ohne sich Ziele gesteckt zu haben, hat es wenig Sinn sich auf etwas zu konzentrieren. Nur, welche Eltern und welche Lehrer setzen sich mit den Kindern und Jugendlichen zusammen und erarbeiten gemeinsam sinnvolle Ziele für das kommende Schuljahr?

Als Eltern gehen wir davon aus, dass man zur Schule geht, um etwas zu lernen und dann den Beruf ausüben kann, den man möchte bzw. den wir Eltern uns für unsere Kinder vorgestellt haben. Denn sie sollen es einmal besser haben als wir. Ein sehr langfristiges Ziel und aus Sicht der Kinder möglicherweise oder mit großer Sicherheit ein völlig unsinniges Gedankenkonstrukt.

Lehrer kommen am Beginn des Schuljahres in die Klasse, schreiben den Klassenstoff für das nächst Jahr an die Tafel ohne diesen jemals hinterfragt zu haben. Wieso auch, das steht so im Lehrplan und hat damit seine Berechtigung.

Wen wundert es, dass unseren Kindern die Motivation fehlt sich auf den Lernstoff zu konzentrieren?

Zum Glück leben einige Kinder noch im Jetzt. Für sie ist es nicht wichtig, was in 10 Jahren ist oder was die Gesellschaft für wichtig und richtig hält. Sie wollen sich im Jetzt erfahren, eine Fähigkeit, die wir uns von diesen Kindern wieder lernen lassen sollten.

Setzt euch mit euren Kindern zusammen und fragt sie nach ihren Zielen für den nächsten Monat. Man kann die Ergebnisse auf einem Blatt Papier festhalten und in der Wohnung sichtbar machen. Nach einem Monat nehmt euch wieder Zeit, zieht Resümee über den vergangenen Monat. Was ist uns gut gelungen? Was hat nicht so gut geklappt? Dann gestaltet eure Ziele für den nächsten Monat. Nach ein paar Monaten sollten sich Motivation und Konzentration wesentlich verbessert haben, genauso wie das Verhältnis zwischen Kindern und Eltern untereinander. Vorsicht, Vertrauen könnte entstehen!

Konzentration verlangt Maß und Ziel. Ich glaube, das was heutzutage von Kindern verlangt wird, ist einfach zu viel. In allen Bereichen unseres Lebens ist kein gesundes Maß mehr vorhanden.

Alleine wie viele Hefte, Mappen, Ordner und Bücher ein Schulkind braucht, ist nicht normal, d.h. weit von der Norm entfernt. Jeder will nur das Beste für die Kinder. Doch das Beste ist nicht immer viel, sondern oft auch weniger. Bei dieser Flut an gedanklichem Input, Materialien, Nahrung, Freizeitbeschäftigung, um nur einiges zu nennen, ist es fast nicht mehr möglich sich zu konzentrieren. Wenn wir wollen, dass unsere Kinder ruhiger und konzentrierter werden, dann müssen wir schnellstens beginnen an allen Ecken und Enden zu reduzieren, auszumisten und zu vereinfachen.

Vor kurzem las ich in einem Bericht, dass genau so viele Menschen auf der Erde verhungern, wie an den Folgeerscheinungen von zu viel ungesunder Ernährung sterben. Wo sind unsere Grenzen? Was tut uns noch gut? In dieser unendlichen Fülle sind wir in eine Überforderung gekippt und haben vergessen und verlernt zu spüren, was uns gut tut.

Wir tun so vieles gleichzeitig und auf einmal. Dadurch ist unsere Aufmerksamkeit ständig auf viele verschiedene Reize ausgerichtet. So verlernen wir, uns auf eine einzige Sache zu besinnen. Es geht nicht nur die Fähigkeit sich zu konzentrieren verloren, wir verschwenden so auch einen Großteil unseres Energiepotentials.

Manchmal geht einfach nichts mehr. Ja, auch ich kenne diese Zeiten der vollkommenen Überlastung, in denen Stillstand herrscht. Ich mag sie nicht diese Phasen, immer noch nicht. Meist wehre ich mich am Beginn dagegen und versuche mich aufzulehnen. Aber ich habe gelernt, dass es nichts hilft. Im Gegenteil, durch dieses Auflehnen wird alles noch schlimmer und es dauert länger bis man durch ist und sein ursprüngliches Energieniveau erreicht hat. Zum Glück bin ich lernfähig. Ich habe akzeptiert, dass es am besten ist, diese Phasen zu akzeptieren, sie anzunehmen wie sie sind. Ich durfte lernen diese Zeiten zu nutzen um still zu werden, nachzuspüren was man braucht und sich die nötige Ruhe zu geben. Übrigens, anschließend kann ich mich auch wieder viel besser konzentrieren.

Sich in einen Bereich hineinleben, damit befassen und darin vertieft wichtige Erkenntnisse finden und diese Erfahrungen auf andere Bereiche des Lebens übertragen - wann und wo kann das in unserer intensiven, schnelllebigen Gesellschaft noch passieren?

Eine Übung, die hilft, sein eigenes Lebenskonzept zu verändern durfte ich in einer meiner schwierigsten Lebensphasen lernen:

Versuche einen Tag lang immer nur eines nach dem anderen zu tun. Mache nie zwei Dinge gleichzeitig, nur eines nach dem anderen.

Du wirst sehen, am Beginn ist das nicht leicht, eher eine Herausforderung. Wir sind gewohnt immer zwei oder mehrere Dinge auf einmal zu tun.

Versuche es einen Tag, mehrere Tage, einen Monat, immer wieder. Übe es so lange, bis dieser Ablauf für dich selbstverständlich geworden ist.

Was glaubst du passiert? Schaffst du so mehr oder weniger in deinem Leben? Ganz klar, du wirst mehr schaffen, weil du viel mehr Energie hast und konzentrierter bei der Arbeit bist.

Dann lebt das Leben nicht mehr dich, sondern du lebst im Leben!

Ein Märchen:

Es waren einmal ein König und eine Königin. Die beiden liebten sich sehr.

Wenn der König das Land regierte, regierte die Königin das Schloss. Ihre Freizeit aber verbrachten sie immer gemeinsam. Sie gingen durch ihren großen Schlosspark spazieren, wanderten durch die königlichen Wälder, tranken Tee und aßen Kuchen im königlichen Salon und genossen es einfach zusammen zu sein.

Der König liebte seine Königin sehr und las ihr jeden Wunsch von den Augen ab. Oft geschah es, dass sie nur an etwas dachte und der König gab es ihr, ohne dass sie etwas gesagt hat.

"Sag einmal, mein liebster König, wie machst du das? Du weißt oft schon was ich will, noch bevor ich es ausspreche."

"Das ist ganz einfach.", erwiderte der König liebevoll. "Ich schaue dich ganz genau an, so richtig genau. Ich sehe nicht nur deinen Körper. Ich sehe auch, ob du lächelst, ob du zitterst, ob du wütend bist, dich anspannst weil du dich gerade ärgerst und noch vieles mehr. Wenn ich dich so betrachte, dann weiß ich was du brauchst. Ich schaue mit den Augen der Liebe."

Die Königin wusste nicht so genau, was er damit meinte. Sie liebte ihren König doch auch, aber dennoch wusste sie nicht immer gleich was er brauchte. Die Königin nahm sich vor darüber nachzudenken.

Nachdem sie eine Woche darüber nachgedacht hatte und nicht schlauer geworden war, beschloss sie, dass was ihr der König gesagt hatte, einfach auszuprobieren.

Am Nachmittag beim Tee sah sie ihren geliebten König an. sie sah seinen großen, runden Kopf mit der Krone darauf, sie sah sein rotes

Königsgewand, seine dicklichen Finger mit dem Königsring. Mehr sah sie nicht.

Doch die Königin betrachtete den König noch genauer. Sie sah sein liebevolles Gesicht, seine etwas zu großen Ohren und seine freundlichen Augen.

"Ich habe einen wunderschönen König!", dachte sich die Königin, während sie ihn so betrachtete.

Plötzlich sah sie noch etwas bei seinen Augen. Links und rechts waren Fältchen zu sehen und unter den Augen hatte er schwarze Ränder, ganz leicht nur. Man musste schon genau hinsehen, um das zu entdecken.

Mit einem Schlag wurde der Königin einiges klarer.

"Mein lieber König!", sprach sie mit liebevoller, aber auch energischer Stimme. "Du hast für heute genug regiert! Du siehst müde aus und brauchst dringend Ruhe. Ich hole dir jetzt deine königliche Decke, du legst dich auf unsere königliche Bank und dann ruhst du dich aus." Die Stimme der Königin klang sehr liebevoll, aber auch so energisch, dass sich der König nicht zu widersprechen traute.

Er legte sich auf die Bank, ließ sich von der Königin zudecken und bevor er einschlief sagte er noch: "Jetzt hast du mit den Augen der Liebe geschaut."

"Ja!", dachte die Königin und lächelte glücklich.

WAHRNEHMUNG

1. Wahrnehmung und Wissenschaft

Unter Wahrnehmung verstehen wir die Verarbeitung von Reizen aus der Umwelt und des Körperinneren eines Lebewesens. Teilinformationen werden bewusst oder unbewusst gefiltert und zu einem Gesamteindruck zusammengefasst.

Wahrnehmung kann durch Steuerung der Aufmerksamkeit und der Wahrnehmungsstrategie verändert werden.

Die Gesamtheit aller Vorgänge von Sinneswahrnehmungen wird Sensorik genannt.

Die Außenwelt nehmen wir durch unsere 5 Sinne (sehen, hören, riechen, schmecken, tasten) wahr. Zusätzlich können wir mit Hilfe des Gleichgewichtssinns und Magnetsinns wahrnehmen.

Ein Sinnesorgan nimmt bestimmte Reize auf und leitet diese an ein bestimmtes Gehirnareal oder einen anderen Komplex des Zentralnervensystems weiter. In einem nächsten Schritt werden die Daten mit bereits vorhandenen Informationen verglichen und bewertet. Daraufhin sendet das Zentralnervensystem einen Impuls an den Körper, der wiederum diesen Impuls in eine Handlung umsetzt. Diesen Prozess nennt man sensorische Integration.

Gut funktionierende Sinnesorgane stellen eine Grundvoraussetzung dar, um sich konzentrieren zu können.

Die visuelle Wahrnehmung nimmt Helligkeit, Farbe, Kontraste, Linien, Formen, Gestalt, Bewegung und Räumlichkeit wahr. Das zuständige Sinnesorgan ist das Auge.

Auditive oder akustische Wahrnehmung dient der Verarbeitung von Schall, Klängen, Tönen und Geräuschen. Hauptsächlich geschieht dies über das Ohr, Schallereignisse können jedoch auch über den Tastsinn und die Knochenleitung wahrgenommen werden.

Der Tastsinn ist auch unter dem Begriff Tiefensensibilität bekannt und dient der Wahrnehmung von Berührungen, Härte, Hitze. Anstatt eines Organs übernehmen hierfür eine Vielzahl von Rezeptoren in Gelenken, Muskeln, Sehnen und Haut die Aufgabe der Reizweiterleitung.

Olfaktorische Wahrnehmung oder Geruchsinn dient der Wahrnehmung von Riech- und Duftstoffen. Das zuständige Sinnesorgan ist die Riechschleimhaut in der Nase.

Gustatorische Wahrnehmung oder Schmecken dient der Wahrnehmung von Qualitäten von Nahrungsmitteln. Die Zunge mit ihren Geschmacksknospen übernimmt diese Aufgaben.

Vestibuläre Wahrnehmung oder Gleichgewicht dient der Wahrnehmung von Lageveränderungen, Aufrechterhaltung des Gleichgewichts und der Kontrolle von Bewegungen. Das zuständige Organ dafür ist das Gleichgewichtsorgan, welches sich im Innenohr befindet.

Magnetsinn heißt, dass man sich am Magnetfeld der Erde orientiert. Dieser ist bei Tieren bekannt, vor kurzem aber soll bewiesen worden sein, dass auch Menschen die Möglichkeit hätten sich daran zu orientieren.

Trifft eine Information im Gehirn ein, greift es auf abgespeicherte Erfahrungen zurück, um die Reize einordnen zu können und entsprechende Impulse weiterzuleiten. Müssen neue Informationen verarbeitet werden, bevorzugt das Gehirn die wahrscheinlichste Interpretation durch Vergleichen mit bereits abgespeicherten Erfahrungen. Das heißt, je mehr Erfahrungen ein Mensch gemacht hat, desto mehr konnte im Gehirn abgespeichert werden und umso mehr Möglichkeiten hat er zu reagieren.

Logischerweise müsste man sich, wenn die Prozesse reibungslos ablaufen, auch besser konzentrieren können. Konzentration braucht demnach auch eine gut funktionierende sensorische Integration.

2. Wahrnehmung im Alltag

Wie gehen wir im Alltag mit Wahrnehmung und sensorischer Integration um? Achten wir auf unsere Sinne?

Wir schulen unsere Wahrnehmung nicht mehr so intensiv, infolge dessen kann sie sich nicht entsprechend entwickeln.

Ich mache die Erfahrung, dass unsere Sinne immer mehr verkümmern. In unserer technisierten Welt sind sie nicht mehr wirklich gefordert. Wir leben in einer Welt der Extreme. Einerseits sparen wir unsere Sinne aus und vertrauen mehr auf technische Hilfsmittel. Andererseits überfordern wir unsere Sinne mit viel zu viel Input.

Unsere Augen und unser visuelles System sind von viel zu vielen Reizen überfordert. Fast ununterbrochen treffen unzählige Bilder auf uns ein. Vergleiche Zeichentrickfilme aus der heutigen Zeit mit jenen aus den 70er Jahren. Du wirst staunen, welchen Unterschied man bemerken kann. Wenn ich heute mit meinen Kindern Biene Maja schaue, bin ich hocherfreut, wie langsam fernsehen noch sein kann.

Die unzähligen Bilder und Reize, die heutzutage auf uns einströmen visuell zu verarbeiten, kostet Kraft und Energie. Für eine gute Konzentration bleibt nicht mehr viel übrig. Wir nehmen uns wenig Zeit unsere Welt in Ruhe zu betrachten. Ganz ehrlich, wann hast du das letzte Mal am Ufer eines Gewässers gesessen und für eine längere Zeit den Bewegungen des Wassers zugesehen? Wo sind

Frauen und Männer hingekommen, die aus dem Fenster schauen und einfach nur beobachten?

Wir sind einer ständigen Beschallung ausgeliefert. Musik zu Hause, im Auto, beim Einkauf, per Kopfhörer beim Sport und Spazierengehen. Unser auditives System ist überfordert und reagiert mit Hörsturz und Tinnitus. Aber wann haben wir das letzte Mal dem Zwitschern der Vögel und dem Rauschen des Baches zugehört. Wissen wir noch wie sich das anhört? Wenn du willst, dass sich dein Kind besser konzentrieren kann, dann lerne ihm zu lauschen.

Lange habe ich überlegt, wo wir zu vielen taktilen Reizen ausgeliefert sind. Ich weiß es nicht. Aber ich beobachte, dass sich Menschen immer weniger berühren. Schon Säuglingen werden taktile Reize genommen, indem sie sofort nach der Geburt in kleine Erwachsenengewänder gesteckt werden. Mit T-Shirt, Hose und Socken kann ich mich nicht spüren. Säuglinge gehören in Steckkissen, wo sie durch Berühren ihrer Beine schon von Beginn an taktile Reize erfahren und verarbeiten können. Wir sollten uns wieder mehr berühren, uns gegenseitig durch körperlichen Kontakt Achtung schenken. Wie oft hat uns in schwierigen Zeiten ein Händedruck oder eine Umarmung einen Schritt weiter geholfen?

Auch Geschmacks- und Geruchssinn leiden an Unter- und Überforderung. Im Alltag haben wir viele künstliche Gerüche zu verarbeiten, Waschmittel, WC-Düfte, Raumsprays, Parfüms, Deos, um nur einige zu nennen. Unser Geschmackssinn arbeitet auf Hochtouren, um viele verschiedene, teilweise künstlich hergestellte Geschmacksrichtungen zu verarbeiten. Der ursprüngliche Sinn ist uns längst verloren gegangen. Wir müssen Gefahr und verdorbene Lebensmittel nicht mehr riechen und schmecken. Die Haltbarkeit von Lebensmitteln steht auf der Verpackung und einen Brand meldet uns der Brandmelder.

Der wohl am meisten vernachlässigte Sinn ist der Gleichgewichtssinn. Die vestibuläre Wahrnehmung schulen wir durch aktives Tun und Bewegen. Vor allem Kleinkinder müssen vielfältige Bewegungserfahrungen machen, damit sich das Gleichgewicht entwickeln kann. Kleinkinder gehören auf den Boden, damit sie diese Erfahrungen machen können. In unserer Gesellschaft wurde aber ein geniales Ding erfunden, der Maxi Cosi. Aus Sicherheitsgründen für das Auto hat er durchaus seine Berechtigung. Aber darüber hinaus braucht man ihn eigentlich nicht. Heutzutage verbringen viele Kleinkinder viel zu viel Zeit in diesem Gerät, weil er multifunktional geworden ist. Er kann zusätzlich als Kinderwagen und Wippe verwendet werden, das macht keinen Sinn. Die Haltung, die ein Kleinkind im Maxi Cosi einnimmt, fördert keineswegs die Entwicklung von Bewegung und Gleichgewicht.

Auch später berauben wir unsere Kinder daran vielfältige Bewegungserfahrungen zu machen. Kinder können sich ihre Schuhe alleine anziehen, die Kindergarten- oder Schultasche selber tragen, alleine zur Schule gehen, Treppen ohne Mithilfe erklimmen und auch altersentsprechend im Haushalt mithelfen.

Dass sich immer weniger Kinder gut konzentrieren können, scheint mir unter diesen Gesichtspunkten absolut logisch.

Daher ist es für eine gut funktionierende Konzentration überaus wichtig, die Sinne zu schulen und bestimmte Verhaltensweisen in den Alltag zu integrieren. Ganz einfache, alltägliche Anregungen dazu findest du im nächsten Kapitel "Ideen".

3. Wahrnehmung darüber hinaus

Wahrnehmung kann auch noch in einem anderen Sinne verstanden werden.

Konstantin, 11 Jahre: Schon immer haben ihn Tiere fasziniert, er will sie schützen und ihnen helfen. Nach einer Dokumentation über Tierhaltung und -verwertung ist er erschüttert und isst ab diesem Zeitpunkt kein Fleisch mehr. Mama, warum machen Menschen so etwas? Warum lässt man das zu?

Jochen, 14 Jahre: Vor zwei Jahren hat er seinen Vater verloren, er fehlt ihm noch immer. Jochen ist ein sehr sensibler und sozialer Junge. Das Wohl seiner Mitmenschen liegt ihm am Herzen. Wo er kann, hilft er. Durch den Tod und die Trauer hat er zugenommen. In der Schule wird er gemobbt. Er ist zutiefst erschüttert, das Leben ist für ihn sinnlos geworden.

Rosemarie, warum müssen sich Mensch untereinander so verletzen? Warum können wir nicht in Frieden miteinander leben?

Anna, 10 Jahre: Ihr Vater hat vor einem Jahr seinen Arbeitsplatz verloren. Seit einem Jahr versucht er verzweifelt eine neue Arbeit zu finden. Er wäre auch bereit unter seiner Qualifikation zu arbeiten. Die Familie muss sich einschränken, manchmal reicht das Geld nicht bis zum Ende des Monats.

Papa, warum verdienen manche Menschen so viel und andere so wenig. Kann man das nicht gerechter aufteilen?

Melanie, 8 Jahre: In Melanies Klasse sind zwei neue Schüler gekommen. Sie sind gerade hierher gezogen, kommen aus Syrien und wohnen im Asylantenheim. Viele Kinder in der Klasse spielen nicht mit ihnen, weil ihre Eltern ihnen gesagt haben, dass sie Ausländer sind und uns viel Geld kosten.

Frau Lehrerin, uns geht es so gut. Wir haben genug zu essen, viele Spiele, ein Haus und ein Bett. Warum können wir nicht teilen?

Auch im Alltag werden wir immer wieder mit Wahrnehmung konfrontiert. In diesem Sinne versteht sich Wahrnehmung etwas anders als oben ausgeführt.

Wie nehmen wir Situationen, Ereignisse und Erfahrungen wahr? Ist unser Denken, Fühlen und Handeln noch den Situationen angemessen. Manchmal habe ich das Gefühl, wir leben in einer verschobenen Realität. Was ist Wirklichkeit?

Eine Freundin hat mir erzählt, dass sie mit einem älteren Mann, er ist Asylwerber, gesprochen hat. Sie hatten ein langes, verständnisvolles Gespräch. Er hat geweint und leidet unter Depressionen. Das Schlimmste für ihn ist, dass er nicht arbeiten und für seine Familie sorgen kann. Diese Tatsache trifft ihn am härtesten.

In den Medien werden einige Stimmen laut, die behaupten, dass uns Asylwerber nur Geld kosten, nichts tun und uns belasten.

Der Politikberater Thomas Hofer und Daimler Chef Dieter Zetsche haben gesagt, dass diese Flüchtlinge die Rettung für unsere Wirtschaft und unseren Sozialstaat sein können. Unsere Bevölkerung veraltet rapide, wir brauchen junge Menschen im arbeitsfähigen Alter, die unser System aufrechterhalten. Diese Menschen können, wenn wir alle in die richtige Richtung gehen, unsere gemeinsame Zukunft zum Positiven verändern.

Was ist wahr? Wo befindet sich die richtige Wahrnehmung?

Ich denke, unser stressiges Alltagsleben und der Überfluss in unserem Leben haben uns ein gesundes Gefühl vom Ist-Zustand genommen. Unsere Wahrnehmung ist bestimmt von immer mehr Besitzstreben, höheres Erreichen und tolleres Erfahren können.

Wir sollten uns wieder besinnen und lernen uns selber, die anderen und unsere Umwelt neu wahrzunehmen.

Wie kann das geschehen? Indem wir uns entschleunigen und aus alten Gewohnheiten ausbrechen. Clemens Sedmak schreibt dazu in seinem Buch "Du sollst dein Leben ändern: Die Philosophie der kleinen Schritte.", dass es wichtig ist, sein Leben zu ändern. Lebensveränderungen erreicht man über die Veränderung einer Gewohnheit, das Ablegen einer nicht dienlichen Gewohnheit oder das Aneignen einer neuen Gewohnheit. Am leichtesten fällt uns dieser Schritt, wenn wir eine Gewohnheit konsequent ablegen, verändern oder neu in unser Leben integrieren.

Unser Alltagsleben ist mit vielen Dingen angefüllt, die wir nicht brauchen.

Nimm dir die Zeit und entrümple deine Wohnung oder dein Haus. Laut Feng Shui zieht alles, was man 1 Jahr nicht verwendet hat nur Energie ab, braucht es nicht und kann es entsorgen. Gehe ich recht in der Annahme, wenn auch bei dir fast die Hälfte entsorgt werden kann, ohne dass du es vermisst? Als ich heuer von San Francisco nach Hause reiste, wurde mir auf der letzten Etappe meiner Reise im Zug von Wien nach Attnang Puchheim einer meiner Koffer gestohlen. Mir ist nur ein einziger Schal ein einziges Mal abgegangen. Alles andere habe ich bis heute nicht vermisst.

Schreibe eine Woche lang jeden Tag genau auf, was du heute alles getan hast. Nach dieser Woche setze dich zu deinen Aufzeichnungen und markiere mit einem Leuchtstift die Aktivitäten, die du nicht wirklich machen musstest. In der nächsten Woche lass die gekennzeichneten Aktivitäten einfach weg. Ich verspreche dir, dass bringt dir einige Zeit, um zur Ruhe zu kommen und in diesen Ruhephasen eine neue Wahrnehmung zu entwickeln.

Wenn du die Natur liebst, dann gehe einmal am Tag spazieren. Nimm dir eine Auszeit und suche dir einen möglichst naturbelassenen Weg. Gehe einen Monat lang täglich diesen Weg. Du wirst sehen, dass trägt viel zur Entschleunigung bei, neue Gedanken kommen in dein Leben und deine Wahrnehmung verändert sich, ohne viel zu tun. Du musst nur einmal am Tag in die Natur.

Wenn du merkst, dass Gesellschaftsthemen in deiner Umgebung sehr präsent sind oder dich sehr beschäftigen, dann bedenke, dass es immer mehrere Meinungen und Einstellungen zu einem Thema gibt. Kindern hilft oft das Bild, dass eine Münze zwei Seiten hat. Das kann man mit ihnen auch gestalten, eine Münze basteln und auf jede Seite eine Ansicht zu einem Thema schreiben. Du wirst erstaunt sein, wie schnell die Wahrnehmung sich verändert.

Das sind nur einige wenige von vielen Vorschlägen, die Wahrnehmung von dir und deiner Familie verändern können. Bedenke aber „weniger ist oft mehr“ und nimm dir daher immer nur eine Gewohnheit vor die du veränderst.

Wenn sich Wahrnehmung verändert, wird sich ganz automatisch auch Konzentration verbessern.

IDEEN

Möglicherweise erscheinen dir einige der folgenden Vorschläge etwas außergewöhnlich oder sehr banal.

Angebote, wie man Kinder fördern kann, gibt es genug. Die möchte ich nicht erweitern oder aus anderen Büchern abschreiben.

Lass dich auf außergewöhnliche, gewöhnliche, bekannte, alte Dinge neu ein und dich von deren Wirkung überraschen.

1. Alltagsgeschichten

- *Gemeinsam einkaufen, kochen, zusammenräumen.*
- *Gemeinsam essen, anschließend noch sitzen bleiben und miteinander sprechen.*
- *Sich sagen, was man füreinander empfindet (positiv).*
- *Zusammenhelfen.*
- *Bewusst Zeit miteinander verbringen.*

2. Kostet nichts, nur ein bisschen Zeit

- *Einen Monat lang jeden Abend gemeinsam einen kurzen Spaziergang machen.*
- *Gemeinsam ein Buch lesen. Sich täglich dafür ein paar Minuten Zeit nehmen.*
- *Sich an einen Kraftplatz setzen und ganz bewusst etwas in der Nähe beobachten, dann in der Ferne. Immer wieder Nah- und Fernsicht abwechseln.*
- *Naturmaterialien sammeln und gemeinsam etwas gestalten.*

3. Geringer bis mittlerer Einsatz - dauerhafte Wirkung

- *Hängematte, die gemeinsam benützt werden kann.*
- *Einen Kräutergarten anlegen.*
- *Wandern, schwimmen...*
- *Sich ein gemeinsames Hobby suchen: klettern, Rad fahren, Schi fahren...*

KONZENTRATION UND KÖRPER

Nicht um alles perfekt zu machen

wurdest du geboren –

sondern um lebendig

zu sein.

Roman Braun

Als ich noch in der Schule unterrichtete endete mein Schultag meist mit einer Vielzahl an WARUM-Fragen:

- *Warum ärgert Felix ständig seine Mitschüler, stoßt, rempelt und macht sich dadurch unbeliebt?*

- *Warum ist Denise so unruhig und kann keine fünf Minuten still sitzen?*

- *Warum tut sich Leonie beim Lesen so schwer, obwohl sie sich solche Mühe gibt?*

- *Warum hat Fred diese Rechnungen noch immer nicht verstanden, obwohl ich mich so bemüht habe sie ihm verständlich zu erklären.*

- *Warum ist Ilse immer noch so traurig? Die Trennung ihrer Eltern ist schon so lange her und beide Elternteile bemühen sich um das Kind?*

Immer wieder suchte ich nach Antworten. Leider konnte sie mir Keiner zufriedenstellend beantworten.

Die hilfreichsten und sinnvollsten Antworten erhielt ich schlussendlich bei meiner Ausbildung zur SI-Mototherapeutin.

SI-MOTOTHERAPIE

Die SI-Mototherapie *(Sensorische Integration)* ist ein handlungsorientiertes Konzept und knüpft an die primäre Entwicklungswelt von Kindern und Jugendlichen an.

Es handelt sich um eine psychomotorische Therapieform, mit dem Ziel die individuelle Entwicklung des Kindes zu fördern.

Die SI-Mototherapeutin berücksichtigt den Entwicklungsstand und die Bedürfnisse des Einzelnen. Ausgehend von den vorhandenen Störungen werden Kinder bei der Bearbeitung ihrer Beeinträchtigung unterstützt.

SI-Mototherapie ist ein Training unter Berücksichtigung von Wahrnehmung, Motorik, Erleben und Handeln. Die dafür notwendige Diagnostik orientiert sich an den motorischen und sensorischen Bausteinen der kindlichen Entwicklung, auf die ich später noch genauer eingehen werde.

Die ins Stocken geratene Entwicklung kommt in Schwung, Ängste können überwunden werden, Schwierigkeiten behoben und Selbstvertrauen kann aufgebaut werden.

Die unmittelbare Zusammenarbeit mit den Eltern ist ein wesentlicher Bestandteil der SI-Mototherapie. Dieses Elternkonzept ist eine wertvolle Intervention. Oft kann dadurch das Familiensystem sehr rasch „entschleunigt“ werden und Stressfaktoren reduzieren sich. Die gemeinsame Intervention zwischen Eltern und Kind bietet die Möglichkeit von gemeinsamer Zeit. Das Problem oder die

Beeinträchtigung des Kindes oder Jugendlichen wird oft sehr rasch verbessert oder sogar völlig behoben.

Die wichtigsten Prinzipien der SI-Mototherapie möchte ich nicht unerwähnt lassen, da sie auch für PädagogInnen, Eltern und andere Bezugspersonen von hohem Wert sein können.

- *Die Bewegungs- und Wahrnehmungsentwicklung vom Neugeborenen bis zum Kleinkind wird nachvollzogen. Wichtige fehlende Entwicklungsschritte, wie z.B. das Krabbeln, können nachgeholt werden, um aufbauende Entwicklungsvorgänge, wie z.B. Stiegen steigen, balancieren, schreiben, räumliche Vorstellung, zu ermöglichen.*

- *Dem Kind wird mittels Wahrnehmungs- und Bewegungsübungen ermöglicht die eigene Ich- und Selbstwahrnehmung nochmals zu erfahren. Ein verbessertes Körperbild führt gleichzeitig zur Steigerung des Selbstwertes.*

- *Das Kind entscheidet wann, wo und wie es sich entwickelt. Die Aufgabe von Eltern, Pädagogen und Therapeuten besteht darin, hilfreiche Anregungen zu geben und liebevolle Begleitung anzubieten. Unter diesen Voraussetzungen entwickeln sich die meisten Kinder ganz natürlich und problemlos.*

- *Zur optimalen Entwicklung braucht ein Kind klare Grenzen, Geborgenheit und Sicherheit.*

- *Um etwas zu verbessern oder neu zu erlernen braucht es Festigung. Neues kann sich nur durch wiederholtes Üben im Gehirn abspeichern.*

- *Positive Anerkennung von Bezugspersonen verstärkt die Weiterentwicklung des Kindes.*

Welche Antworten habe ich nun aber durch diese Ausbildung auf meine am Beginn des Kapitels gestellten Fragen finden können?

- *Felix ist möglicherweise „taktil unterempfindlich", d. h. er nimmt Berührungen nicht so intensiv wahr wie andere Menschen. Felix braucht klare, starke Reize, damit er diese gut spüren und verarbeiten kann. Sein Empfinden überträgt er selbstverständlich auf seine Mitmenschen, da er über seine Gefühle und Empfindungen noch nicht reflektieren kann. Für ihn sind seine Empfindungen das Natürlichste auf der Welt und er ist überzeugt davon, dass es allen anderen Menschen auch so geht. Felix ist nicht schlimm, asozial und auf keinen Fall hyperaktiv. Sein taktiles System muss desensibilisiert werden, spezielle Massagen können dabei helfen.*

- *Denise zappelt, weil ihr Gleichgewichtssinn nicht gut entwickelt ist. In größeren Gruppen ist das auf Dauer sehr anstrengend und sie fühlt sich dann rasch verunsichert. Um ihr Gleichgewicht zu stimulieren bewegt sie sich ständig. Eigentlich ist Denise sehr intelligent und macht genau das Richtige. Damit das Gleichgewicht von Denise nachreift und sie sich wohler fühlt, gibt es eine Unmenge an Übungen, die rasch eine Verbesserung bewirken.*

- *Leonie hat Probleme mit ihrer Aufrichtung und der Kopfhaltung. Erst wenn ein Mensch seine Kopfhaltung gegen die Schwerkraft beherrscht, können sich Gleichgewicht, Sehschärfe und Konzentration entwickeln. Hat man dies nicht, fallen Tätigkeiten, wie Lesen, Konzentrieren und Leistung erbringen schwerer und sind oft nicht möglich. Damit Leonie nicht frustriert wird und das Lernen aufgibt, braucht sie kein stundenlanges Lesetraining sondern Stabilisationsübungen, die ihr helfen ihren Rumpf zu kräftigen und Aufrichtung sowie Kopfhaltung zu stabilisieren.*

- *Freds Geburt war sehr traumatisch. Lange Zeit steckte er im Geburtskanal fest. Als Baby hat er seinen Kopf immer überstreckt, später ist er nicht gekrabbelt. Möglicherweise sind das Folgeerscheinungen seiner schweren Geburt, die dazu führten, dass seine Halswirbelsäule leicht beeinträchtigt war und er daher auch nicht gekrabbelt ist. Dadurch konnte er rechts, links, vorne, hinten, oben und unten nicht optimal über Körperwahrnehmung und -erfahrung erleben und nun fehlt ihm das räumliche Verständnis, ohne das man Mathematik viel schwerer begreifen kann. Fred braucht viele Wahrnehmungserfahrungen, ein innerliches Wissen von Richtungen, um Mathematik ein Stück mehr „begreifen" zu können.*

- *Ilses Welt ist durch die Trennung der Eltern aus den Fugen geraten. Sie ist generell sehr sensibel und braucht viel Sicherheit und Geborgenheit. Der wöchentliche Wechsel von ihren engsten Bezugspersonen verursacht innerlichen Stress. Die Eltern sind bemüht, beide wollen an der Erziehung beteiligt sein, dennoch muss sich Ilse ständig auf zwei verschiedene Wohnungen einstellen. Übungen zur Verbesserung des Gleichgewichts und der Stabilität verändern nicht nur ihr körperliches Empfinden, sondern gleichzeitig auch den Selbstwert.*

Dies sind nur einige Beispiele aus einer Vielzahl von Ursachen und Möglichkeiten.

Im Folgenden beschreibe ich einige Themen, die in der SI-Mototherapie wichtig und gleichzeitig für eine gute Konzentrationsfähigkeit von großer Bedeutung sind, genauer.

GEHIRN

Die wissenschaftlichen Hintergrundinformationen zu dieser Thematik habe ich Gerald Hüthers Aufsätzen entnommen, weil er für mich diese Thematik am verständlichsten, sinnvollsten und herzlichsten ausdrücken kann.

Jedes Mal, wenn wir begeistert sind, wird im Gehirn das emotionale Zentrum aktiviert. Dort liegen Nervenzellen mit langen Fortsätzen, die in alle andere Bereiche des Gehirns ziehen. An den Enden dieser Fortsätze werden neuroplastische Stoffe ausgeschüttet. Diese Botenstoffe bewirken, dass nachgeschaltete Nervenzellverbände verstärkt Eiweiße herstellen. Diese werden wiederum gebraucht, damit neue Fortsätze wachsen können, zur Bildung neuer Kontakte und damit bestehende Verknüpfungen gefestigt und stabilisiert werden. Jene Verknüpfungen, die im Hirn schon zur Problemlösung und Bewältigung von Herausforderungen gebildet wurden.

Darum lernen wir all das so leicht, was wir mit Begeisterung machen. Denn diese bewirkt, dass im Gehirn notwendige Prozesse dafür ablaufen.

Gerald Hüther sagt: "*Das Gehirn entwickelt sich so, wie und wofür es mit Begeisterung benutzt wird.*"

Man sieht, die Arbeit im Gehirn ist ein dynamischer Prozess, der Werte wie Begeisterung, Freude, Mitgefühl uvm. braucht, damit man lernen und sich konzentrieren kann.

Bevor nach den Sommerferien die Schule begonnen hat, habe ich viele Schüler gefragt, ob sie sich schon auf die Schule freuen. Jene Kinder, die noch nie in der Schule waren und ihr erstes Schuljahr beginnen würden, haben diese Frage fast zur Gänze mit "JA" beantwortet

Die Kinder, die schon in der Schule waren, haben zu 90% geantwortet: "Auf die Freunde schon, auf das Lernen nicht."

Das würde bedeuten, dass Kinder sehr wohl täglich in ein System mit Gleichaltrigen eintauchen wollen, aber der Ablauf nicht stimmig ist.

Da ist keine Begeisterung mehr. Das Schulsystem schafft es innerhalb weniger Wochen Kindern die Lust und die Begeisterung am Lernen zu nehmen. Alle Achtung, eine gelungene Leistung! Wenn man das bei Depressionen, Ängsten, Alkohol- und Drogensucht auch so schnell schaffen würde, hätte unsere Gesellschaft einige Probleme weniger.

Wenn sich unsere Kinder konzentrieren sollen, brauchen sie Begeisterung für ihr Tun. Diese Begeisterung kann nicht entstehen, wenn wir sie durchs Leben stressen, überfordern, keine Mitmenschlichkeit vorhanden ist und wir ihnen keine Zukunftsperspektiven bieten können, die von Liebe und Menschlichkeit getragen sind.

Genau das wollen und brauchen unsere Kinder: Mitmenschlichkeit, Nähe, Vertrauen und Liebe im richtigen Maß - nicht zu viel und nicht zu wenig.

Unsere Kinder und Jugendlichen sind von Natur aus nicht uninteressiert, frustriert und ohne Perspektive. Nein, unsere Gesellschaft macht sie dazu.

Damit sie sich konzentrieren können, müssen wir uns ändern.

Kinder brauchen Perspektiven in ihrem Leben, sie brauchen Themen, die ihnen wichtig und für sie bedeutsam sind. Dann können sie sich für diese Sache begeistern, sich dafür einsetzen und darauf konzentrieren.

Wer seinem Kind helfen will sich zu konzentrieren, muss mit ihm gemeinsam aus einer langweilig gewordenen Routine ausbrechen.

Gerald Hüther sagt, dass Menschen, die sich für etwas begeistern, denen es gelingt ihr Gehirn anders als bisher zu nützen, ein anderes Gehirn bekommen. Es strukturiert sich nochmals um.

Das ist die große Chance für eine gute Konzentration. Brecht mit euren Kindern aus dem Alltagsstress aus. Sucht euch etwas, das euch gemeinsam Spaß macht, das euch begeistert und nehmt euch Zeit dafür. Eltern müssen ihre Kinder dazu ermuntern, sie unterstützen, damit sie lernen sich mit Begeisterung auf eine Sache einzulassen.

Wir müssen lernen das Leben wieder zu lieben, die Schönheiten zu sehen und die Freuden zu leben. Dann kann sich unser Gehirn neu strukturieren. Wir fühlen uns wieder wohler, empfinden Freude und viele Probleme, wie Konzentrationsstörungen, Hyperaktivität usw., werden sich verändern.

Familie und Schule sollten sich darauf konzentrieren, Werte wie Begeisterung, Mitmenschlichkeit, Freude, Demut und Liebe in unser Leben zu integrieren. Eltern, Lehrer und Schüler können gemeinsam lernen lebensnotwendige Gefühle und Werte wieder zu erlangen.

Nur wenn wir gemeinsam bereit sind diese Werte in unsere Herzen einzulassen, kann sich unsere Welt so verändern, dass Kinder wieder gerne lernen und zur Schule gehen. Konzentration oder nicht ist dann kein Thema mehr. Sicher wird es noch Kinder geben, die sich vorübergehend nicht konzentrieren können. Aber diese werden dann die Ausnahme sein. Durch eine neu erlangte Weltsicht kann man ihnen auch schneller und effizienter helfen, als in unserer momentanen Leistungsgesellschaft.

Sogar die moderne Hirnforschung bestätigt, dass Mitgefühl, Mitmenschlichkeit, Ruhe, Freude und Begeisterung wichtig sind, damit sich ein Mensch wohl fühlt und die Anforderungen des alltäglichen Lebens leichter bewältigen kann. Ich bin Gerald Hüther und einigen weiteren modernen Hirnforschern unendlich dankbar für diese Erkenntnisse.

KÖRPERERFAHRUNG

Kommt ein Mensch auf die Welt, ist er motorisch noch unterentwickelt, Reflexe des Rückenmarks und des Hirnstamms bestimmen die Bewegungen.

Mit vermehrter Entwicklung und Reifung, die zum Großteil durch Bewegung und Wahrnehmung geschieht, werden diese primitiven Reflexe gehemmt und Halte-, Stell- und Gleichgewichtsreaktionen bilden sich aus. Diese wiederum ermöglichen es dem Menschen sich aufzurichten und fortzubewegen.

Motorik ist der Grundbaustein, um sich selbst und die Welt zu erkunden und wahrzunehmen und entwickelt sich auf der Grundlage eines intakten Nervensystems.

Motorik und kognitive Aktivitäten können nicht getrennt voneinander gesehen werden. Bewegung, Gefühle und Lernen stehen im engen Zusammenhang. Motorik ist aber die Grundlage für viele andere Entwicklungsbereiche.

Für die Entwicklung der Motorik gibt es eine chronologische Reihenfolge, die auch motorische Meilensteine genannt werden. In jeder dieser Entwicklungsstadien erreicht das Kind auch viele andere Fähigkeiten, wie z.B.: Sprache, Sozialverhalten, Aufmerksamkeit uvm.

Motorische Meilensteine *(nach Grafinger, Monika: Mototherapie bei Kindern):*

1) Kopfkontrolle / Unterarmstütz / Handstütz

2) Roll- und Drehbewegungen

3) Das Sitzen

4) Das Robben

5) Das Krabbeln

6) Das Stehen

7) Das Gehen

8) Das Treppensteigen

In der Fachliteratur ist immer wieder Folgendes zu lesen: Eine motorische Entwicklungsstörung tritt bei Kindern häufig in Verbindung mit Entwicklungsstörungen in anderen Bereichen auf, wie z.B. Sprachentwicklung, Sozialkompetenz, Selbstwertgefühl, **Konzentration**.

Helfen kann oft schon eine stärkere Förderung der Bewegungserfahrungen des Kindes im Alltag, beim Spiel und bei sportlicher Betätigung.

Hier wird die Wichtigkeit eines gesunden Miteinanders besonders deutlich. Ein Bewegungsmangel führt zu einem Mangel an Reifung im Gehirn und zieht vielseitige Probleme, unter anderem auch Konzentrationsstörungen, mit sich.

Was kann man dagegen tun?

0-3 Jahre

- *Kleinkinder gehören auf den Boden, um vielseitige Bewegungserfahrungen machen zu können*
- *Nähe, Körperkontakt*
- *Massagen*
- *sanfte Zug- und Druckübungen an Armen und Beinen*
- *nicht hilfreich sind: Maxi Cosi außerhalb des Autos, Wippen etc.*
- *Kleinkinder sollen erst dann gehen, wenn sie es von alleine versuchen (keine Gehilfen anbieten)*

3-6 Jahre

- *Kinder im Kindergarten können vieles schon allein: gehen, Treppensteigen, anziehen, essen, Kindergartentasche tragen... (Liebe Mamis, sie werden groß!)*
- *Spaziergänge in der Natur und im unebenen Gelände*
- *Kinderturnen*
- *Massagen*
- *sanfte Zug- und Druckübungen an Armen und Beinen*
- *gemeinsame Spielabende (Gesellschaftsspiele)*
- *uvm.*

6-10 Jahre

- *im Haushalt mithelfen: Tisch decken, Geschirrspüler ausräumen, Staub saugen...*
- *Sportgruppen, Tanzgruppen*
- *ein Musikinstrument lernen*
- *Körperkontakt nicht verlieren, Massagen*
- *Bergsteigen, Wanderungen*
- *gemeinsame Gespräche*
- *uvm.*

über 10 Jahre

- *im Gespräch bleiben (das Wichtigste in dieser Phase ist, sich von ruppigen Äußerungen der "werdenden" Teenager nicht davon abhalten lassen)*
- *Körperkontakt halten (so, wie es der Jugendliche annehmen kann)*
- *regelmäßiger Sport (liebevolle Motivation ist in dieser Phase besonders wichtig)*
- *gemeinsame Spiele (gerade in dieser Altersstufe sollte darauf nicht vergessen werden)*
- *Mithilfe, altersgemäße Verantwortung im Haushalt übernehmen*
- *wertvolle Bücher versus Computer und Co. (auf die Vorbildwirkung nicht vergessen)*
- *uvm.*

KÖRPERWAHRNEHMUNG

Unter Wahrnehmung versteht man die Aufnahme von Reizen aus der Umwelt und aus dem eigenen Körper, ihre Weiterleitung ins Gehirn, sowie die dortige Verarbeitung. (A. J. Ayres)

Der Wahrnehmungsprozess ist Voraussetzung für Sprache und Denken. Somit in weiterer Folge auch für die Konzentration.

Dieser, von Ayres beschriebene Vorgang, beginnt schon im Mutterleib und dauert das ganze Leben an.

Mit Hilfe der Wahrnehmung erhält ein Mensch Informationen über sich selbst, über seine Mitmenschen und seine Umwelt.

Unsere Wahrnehmung umfasst sieben verschiedene Sinnesbereiche. An diesem Prozess sind einerseits die Nahsinne (Tast-, Bewegungs- und Gleichgewichtssinn), andererseits die Fernsinne (Seh-, Hör-, Geruchs- und Geschmackssinn) beteiligt, Informationen aus dem Körper und der Umwelt aufzunehmen und zu verarbeiten.

Während des Wahrnehmungsprozesses werden Informationen mit Hilfe der Sinne aufgenommen und über Nervenbahnen zum Gehirn geleitet. Neue Mitteilungen werden mit bereits bekannten Informationen verglichen und vernetzt. Anschließend kommt es über Nervenbahnen zu gedanklichen, motorischen bzw. sprachlichen Reaktionen. Dieser Wahrnehmungsprozess wiederholt sich ständig und bildet auch die Basis für eine gute Konzentration.

Je mehr positive Erfahrungen gemacht wurden, umso besser kann dieser Wahrnehmungsprozess gelingen. Wahrnehmen, Bewegen, Denken und Handeln sind somit das Fundament für eine gute Entwicklung des Wahrnehmungsprozesses und in weiterer Folge für Lernen, Befinden und Konzentration.

M. Grafinger meint, dass man für eine gute Wahrnehmungsentwicklung Folgendes braucht:

- Urvertrauen, Geborgenheit, Sicherheit, positive soziale Bindungen
- intakte Sinnesorgane (Haut, Ohr, Zunge, Nase...)
- viele verschiedene adäquate Reize auf unterschiedlichen Wahrnehmungsebenen
- intaktes Zentralnervensystem
- einen gut funktionierenden Wahrnehmungsprozess

Urvertrauen, Geborgenheit, Sicherheit, positive soziale Bindungen

Urvertrauen ist in der heutigen Zeit schwer zu erlangen. Wir werden von allen Seiten mit unzähligen Informationen zugemüllt, die uns verunsichern und zweifeln lassen. Medien und Konsum beherrschen das Spiel mit der Angst, denn dadurch werden die Menschen energetisch schwach und käuflich.

Urvertrauen kann nur entstehen, wenn man bei sich selber ankommt, sich spürt und wahrnimmt. In diesem Zustand kann man erkennen, was gut für einen ist, und was man braucht.

Um gute schulische Leistungen zu erbringen, braucht man nicht nur Können, erlerntes Wissen alleine hilft nicht immer. Es bedarf auch eines richtigen Gespürs und Gefühls. Diese Eigenschaften entwickeln sich, wenn man ganz in seiner Mitte ist.

Ruhe, Ausgleich und „leer werden“ führen zu Urvertrauen, Geborgenheit und Sicherheit. Dann kann man positive soziale

Beziehungen aufbauen und die Leistungen und Anforderungen, die das Leben stellt, mühelos erfüllen.

Geborgenheit und Sicherheit entstehen aus der Ruhe, aus einem tiefen, inneren Empfinden von Vertrauen.

Stress, das Gefühl von Perfektion und immer alles schaffen müssen ist kontraproduktiv.

Positive, soziale Bindungen heißt, sich füreinander Zeit nehmen, sich zu erfahren, zu spüren was der andere braucht. (Erinnerst du dich an die Geschichte von der Königin am Beginn des Buches?)

Wie sehr vermissen wir das als Eltern selber bzw. das Kind in uns? In Ruhe füreinander da zu sein! Wer von uns weiß noch wie das geht, wie sich das anfühlt?

Wir alle wissen und können es, wir müssen es nur wieder tun. Ich ermutige euch alle - vor allem, aber nicht nur, wenn ihr Kinder mit Konzentrationsproblemen habt, haltet inne und beginnt das Leben mit euren Kindern zu genießen. (Mehr dazu im Kapitel "Konzentration und Familie".)

Intakte Sinnesorgane (Fernsinne)

Hörwahrnehmung:

Der Gehörsinn ist, neben dem Geruchssinn, der erste Sinn der ausgebildet wird. Zirka ab der 20. Schwangerschaftswoche beginnt er sich zu entwickeln (es gibt in der Fachliteratur dazu aber unterschiedliche Meinungen). Sicher ist, dass der Hörsinn sehr wesentlich für den Menschen ist. Hörwahrnehmung passiert im Stammhirn, das heißt, dass man ihn nicht rationalisieren kann.

Unter Hörwahrnehmung versteht man die Aufnahme und Verarbeitung des Gehörten im Gehirn.

Es besteht ein sehr enger Zusammenhang zwischen Gesprochenem, Gehörtem und dem Gefühl eines Menschen.

Singen stellt eine Verbindung zwischen Sprache und dem eigenen Körper dar. Die Stimulation der eigenen Stimme setzt sich im ganzen Körper fest und regt alle anderen Sinnesbereiche an.

Das Gleichgewicht sitzt im Innenohr. Kinder mit Problemen bei der Hörwahrnehmung sind nicht im Gleichgewicht. Probleme mit der Hörwahrnehmung werden immer mehr. Laut Jan Uwe Rogge kommt das davon, dass das Gleichgewicht der Kinder immer schlechter trainiert wird. Möglicherweise eine Folge davon, dass Kinder so viel gefahren werden und ihnen so vieles abgenommen wird. So verlieren sie den Bezug zu Nah- und Fernsinnen und in weiterer Folge zu ihrer Umwelt. Dieser Verlust äußert sich in Lern-, Konzentrations- und Verhaltensproblemen.

Ich bin ein sehr pragmatischer Mensch. Wenn ich etwas tue, muss es einfach sein und leicht in den Alltag integriert werden können. Daher erwähne ich im Folgenden nur einfache, alltägliche Dinge, die leicht und ohne wenig Aufwand durchführbar sind.
Wahrnehmungsschulung kann natürlich viel mehr sein.

Alltägliche Interventionen

- *Lieder, Reime und Gedichte*
- *Geschichten vorlesen: Achte auch auf die Stimmung, die du beim Vorlesen aufkommen lässt (Kerzenschein, Duft, Ruhe, Stimme...). Auch das fördert die Wahrnehmung.*
- *Mozart, Bach, gregorianische Gesänge etc. : gemeinsam "NUR" Musik hören*
- *Stille leben und erleben: Wanderungen ohne zu sprechen und sich anschließend austauschen, nicht ständig das Radio laufen lassen*

Visuelle Wahrnehmung:

Die visuelle Wahrnehmung ist ein Prozess der Aufnahme und Verarbeitung visueller Reize über das Auge und das Gehirn. Die Augen sehen den Reiz, das Gehirn interpretiert ihn.

Man geht davon aus, dass das visuelle Gedächtnis bei der Geburt leer ist. Es entwickelt sich aber von der Geburt an bis zum Tod.

Dieses System kann viele Entwicklungsschritte erst nach der Geburt machen und ist daher für den Säugling eine neue Erfahrung.

Zirka 80% aller Nervensignale laufen über die visuelle Wahrnehmung und aktivieren über 50% aller Hirnbereiche.

Sechs Augenmuskeln steuern das Auge. Diese müssen in Ruhe und in Bewegung koordiniert werden können. Dieser Vorgang ist wichtig, damit der fixierte Gegenstand beidseitig im Zentrum der Netzhaut abgebildet werden kann. Das Binokular-Sehen entwickelt sich zwischen dem 2. und 5. Lebensmonat.

Vermutete oder sichtbare Sehstörungen sollten schnell abgeklärt werden, denn jede Beeinträchtigung kann die visuelle Entwicklung beeinträchtigen.

Sehprobleme können sich durch Augenreiben, Ermüdung, Stirnrunzeln, Kopfschmerzen, Lern-, Verhaltens- und Konzentrationsstörungen zeigen.

Kinder, die Schwierigkeiten mit dem Binokular-Sehen haben, reagieren oft mir folgenden Symptomen:

- verlieren beim Lesen und Schreiben die Zeile
- Schrift verschlechtert sich
- durch einen Mehraufwand an Energie vermehren sich die Fehler und verschlechtert sich die Konzentration
- Bilder können kurzfristig verschwimmen
- lesen und rechnen fällt schwer
- Schwierigkeiten sich zurecht zu finden

Alltägliche Interventionen

- *Augen- oder Kinderarzt*
- *Sehspiele: Ich seh, ich seh was du nicht siehst*
- *Puzzle*
- *Natur: abwechselnd in die Ferne und in die Nähe schauen entspannt das Auge*
- *Fehlersuchbilder, Mandalas*
- *Augengymnastik*
- *Ruhe für die Augen: abdecken*
- *selber Saft eingießen, essen, schneiden*
- *gemeinsam Entfernungen einschätzen*

Gustatorische Wahrnehmung:

Wir unterscheiden zwischen fünf verschiedenen Geschmacksrichtungen: süß, sauer, salzig, bitter und umami. Umami ist der Geschmack von Fleisch und gilt seit einiger Zeit als fünfte Geschmacksrichtung.

Der Geschmackssinn bildet sich sehr früh, erste Geschmacksknospen entwickeln sich bereits in der achten Schwangerschaftswoche. Um die 12. Schwangerschaftswoche ist der Saugreflex vorhanden und zwischen 13. und 15. Schwangerschaftswoche haben sich im ganzen Mund Geschmacksknospen gebildet. Diese bilden sich nach der Geburt noch weiter.

Der Geschmackssinn hat eine überlebenswichtige Funktion, er bewahrt uns vor schlechter Nahrung, so sorgt er im Rahmen des Körperschemas für Schutz.

Der Verlust des Geschmacksinns kann sich auf das psychische Befinden auswirken.

Essen und kauen bewirken eine Aktivität von Zunge, Kiefer und Schlucken und wirkt sich unter anderem auf die Sprache aus. Fastfood, nicht ordentlich kauen und schneiden verändern unsere Sinne und somit unsere Leistungsfähigkeit und Konzentration.

Bestimmte Lebensmittel beeinträchtigen unser Verhalten, wie z. B. Zucker. Süßer Geschmack aktiviert das Genusszentrum im Gehirn, löst angenehme Empfindungen aus und gibt Energie. Bei Zucker ist das nicht so. Man bekommt momentan viel Energie. Diese sinkt dann fast genauso schnell wieder ab, ebenso wie die Stimmung. Außerdem weiß man, dass Zucker ein hohes Suchtpotential birgt.

Alltägliche Interventionen

- *orale Empfindungen im angenehmen Rahmen: Zahnbürste, Beißring, Strohhalm*
- *gemeinsam in angenehmer Atmosphäre essen*
- *Obst und Gemüse anstelle von Süßigkeiten*
- *Wasser trinken*
- *Vorbildwirkung: Kinder kopieren uns. Wenn Kinder Eltern erleben, die sich gesund und bewusst ernähren, sich zum Essen Zeit nehmen und gründlich kauen, werden es die Kinder mit hoher Wahrscheinlichkeit auch so handhaben.*
- *wertschätzende Gespräche schaffen oft Bewusstsein und ein Umdenken.*
- *selber wieder Neues ausprobieren*

Olfaktorische Wahrnehmung:

Das Riechorgan befindet sich im oberen Teil der Nasenhöhle. Impulse werden in Gehirnbereiche geleitet, die mit der Erinnerung zu tun haben. Daher erinnern uns Gerüche auch an bestimmte Situationen und Stimmungen.

Bei der Geburt ist das olfaktorische System gut ausgebildet. Babys erkennen Bezugspersonen unter anderem an ihrem Geruch. Dieses System ermüdet von allen Sinnessystemen am schnellsten und man nimmt Gerüche nach einiger Zeit nicht mehr wahr. Dieser Sinn ist auch für die Nahrungsaufnahme wichtig und hat ebenfalls lebenserhaltende Funktionen, da er uns Auskunft über verdorbene oder auch nicht genießbare Nahrungsmittel gibt.

Der Verlust des olfaktorischen Systems kann zu weniger Lust auf Essen führen, sowie zu Stimmungsschwankungen und Depressionen.

Man hat festgestellt, dass Frauen einen feineren Geruchssinn haben als Männer. Grund dafür sind Östrogen und Testosteron.

Alltägliche Interventionen

- *Gerüche in der Umgebung des Kindes angenehm, beruhigend und nicht zu intensiv gestalten.*
- *Verzicht auf zu starke Stimulation durch Gerüche.*
- *Natur erriechen*

Viele verschiedene Reize auf unterschiedlichen Wahrnehmungsebenen (Nahsinne)

Das vestibuläre Wahrnehmungssystem:

Wir brauchen ein gut funktionierendes Gleichgewicht, damit wir im alltäglichen Leben unsere Aufgaben reibungslos erfüllen können und zwar so, dass es uns leicht fällt und Freude bereitet.

Das Vestibularsystem befindet sich auf beiden Seiten des Innenohrs. Es ermöglicht uns den Körper in verschiedenen Stellungen im Gleichgewicht zu halten ohne umzufallen. Handlungen können mit seiner Hilfe fließend ausgeführt werden.

Jean Ayres ist der Meinung, dass das Gleichgewicht die Grundvoraussetzung für alle anderen Systeme darstellt und ohne ein funktionierendes vestibuläres System der gesamte Wahrnehmungsprozess nicht einwandfrei funktionieren kann. Sie sieht zusätzlich einen Zusammenhang zwischen Lern-, Verhaltens- und Konzentrationsschwierigkeiten und vestibulären Störungen.

Das Leben bringt uns aus dem Gleichgewicht und wir müssen daraufhin wieder unser Gleichgewicht finden. Ist dieser Prozess gestört oder nicht genügend ausgereift, empfinden wir den Alltag als anstrengend und können gewisse Anforderungen nicht erfüllen.

Eine Schulung des Gleichgewichts fördert daher auch Denken und Konzentration.

Alltägliche Interventionen

- *beim Anziehen der Schuhe stehen (auf einem Bein)*
- *öfter auf einem Bein stehen: beim Kochen, an der Kasse*

- *am Randstein balancieren*
- *Naturspaziergänge, Wanderungen in unebenem Gelände*
- *Hängesessel, Hängematte*
- *Kopf kreisen (langsam!)*
- *Stiegen steigen*
- *tanzen*
- *zur Ruhe kommen, damit sich das Zentralnervensystem erholen kann*

Das taktile Wahrnehmungssystem

Die Haut wird aus der gleichen Gewebeschicht wie das Nervensystem, dem Ektoderm, gebildet. Darum spielen Haut und Bewegungsreize eine bedeutende Rolle bei der Organisation des Gehirns.

Je besser taktile Wahrnehmungsreize verarbeitet werden können, umso eindeutiger sind Körperbild und Körperschema eines Menschen.

Je mehr die taktile Wahrnehmung differenziert werden kann, umso eindeutiger ist die Kenntnis des eigenen Körpers, das eigene Körperbewusstsein, die Einstellung zum Körper und des Erlebens von Körpergrenzen. Das wiederum führt zu einem besseren Selbstvertrauen.

Neue Gehirnforschungen zeigen, dass Kinder mit viel Haut- und Körperkontakt weniger Stress haben. Weniger Stress wiederum bedeutet eine bessere Konzentration.

Auch J. Ayers entdeckte einen Zusammenhang zwischen der Unfähigkeit Berührungen zu ertragen und Lernschwierigkeiten.

Berührungen können für manche Kinder sehr unangenehm sein und stressen, was wiederum zu einer Verminderung der Konzentration führen kann.

Die taktile Sinneswahrnehmung ist in jedem Lebensalter ein positiver Indikator für psychisches Wohlbefinden. Wir treten mit und über unseren Körper miteinander in Verbindung. Die Haut spiegelt unser Empfinden wieder (erröten, blass werden...), schützt den Menschen und hat dadurch lebenserhaltende Funktionen.

Grund genug, sich um die Haut besonders zu kümmern, kann dies auch, wie oben erläutert, zusätzlich die Konzentration verbessern.

Alltagstaugliche Interventionen

- *Bäder und Massagen mit Schwämmen, Igelbällen oder Bürsten*
- *Zeit zum Eincremen*
- *kuscheln*
- *schwimmen*
- *mit Naturmaterialien basteln und spielen*
- *Partnermassagen*
- *Sportarten mit Körperkontakt*

Das kinästhetische Wahrnehmungssystem:

Das kinästhetische Wahrnehmungssystem, auch unter Tiefen- oder Eigenwahrnehmung bekannt, ist von großer Bedeutung. Störungen wirken sich vor allem in Bewegung und Wahrnehmung sowie auf das Lernen und psychische Befinden aus.

Unter Eigen- bzw. Tiefenwahrnehmung versteht man kurz zusammengefasst das Zusammenspiel von Muskeln, Sehnen und Gelenken in Verbindung mit dem Gehirn.

Hat ein Kind unzureichende Informationen über Spannung und Lageveränderung, führt das zu einer ungenauen Eigenwahrnehmung. Bewegungsabläufe und Handlungen werden schwerer und langsamer erlernt sowie schlechter ausgeführt.

Für das Lernen (somit auch für die Konzentration) ist es äußerst wichtig ein differenziertes Körpergefühl aufzubauen. Erst dann können komplexe Bewegungsabläufe mühelos ausgeführt werden und sich Bewegungen automatisieren.

Hören passiert nicht nur über die Ohren, sondern auch über die Knochenleitung. Kinder, die immer laut sprechen oder die man oft ansprechen muss, haben meist auch eine Störung im kinästhetischen Bereich.

Störungen bei eingeschränkter kinästhetischer Wahrnehmung können sein:

- stolpern, anrempeln
- mangelnde Raumvorstellung (ist Voraussetzung z. B. für rechnen und Buchstaben erkennen)
- Ängste, Unsicherheiten
- motorische Unruhe (Kind stimuliert sich)
- **Konzentration** (Bewegungsabläufe sind nicht automatisiert, brauchen viel Kraft und Anstrengung, dadurch bleibt weniger Energie für "Konzentration im Außen"

Alltägliche Interventionen

- *kriechen, krabbeln, rollen, klettern, hüpfen und springen*
- *Klatsch-, Kniereiter-, Fingerspiele*
- *ziehen, drücken und schieben*
- *bauen und konstruieren mit verschiedenen Materialien*
- *Ballspiele*
- *alltägliche Tätigkeiten alleine tun (an- und ausziehen, essen, Stiegen steigen, Schultasche tragen...)*
- *Kinder in Hausarbeiten, Gartenarbeit miteinbeziehen*
- *Natur erkunden*
- *singen und musizieren*
- *"bewegtes Leben"*

Intaktes Zentralnervensystem

Das Nervensystem spielt eine bedeutende Rolle in unserem Leben. Es bildet die Grundlage für bewusstes Erleben, dadurch werden wir uns unserer selbst und unserer Umgebung erst bewusst.

Das Nervensystem besteht aus unzähligen Neuronen, deren Hauptaufgabe das Verarbeiten von Informationen ist. Das Neuron nimmt Informationen auf und gibt sie weiter.

Werden Neuronen immer wieder aktiviert, bildet sich um das Axon (Teil eines Neurons) eine Myelinschicht. Diese Schicht sorgt für eine schnellere Weiterleitung der Nervenimpulse.

Das Nervensystem gliedert sich in das Zentrale Nervensystem und das Periphere Nervensystem.

Wobei das Zentrale Nervensystem aus Gehirn und Rückenmark besteht.

In den ersten Lebensjahren weist das Zentrale Nervensystem eine besonders hohe Plastizität auf. Die größte Aufnahmefähigkeit zeigt sich in den ersten 7 Lebensjahren. Weshalb gerade bis dahin zahlreiche Bewegungserfahrungen und Wahrnehmungsimpulse eine zentrale Rolle einnehmen sollten. Viele Gehirnforscher sind der Meinung, dass Kinder in den ersten 10 Lebensjahren mit vielen verschiedenen Dingen in Erfahrung treten sollen, möglichst viele sinnliche Erfahrungen sammeln und sich regelmäßig bewegen müssen.

So entstehen im Gehirn neurale Verbindungen, auf die später zurückgegriffen und angeknüpft werden kann. Je mehr neurale Verbindungen genützt werden, umso besser können neue Reize integriert und neue Strukturen im Gehirn geschaffen werden.

Demnach heißt das, je mehr Erfahrungen, umso mehr neurale Verbindungen und umso leichter fällt lernen und Konzentration.

Ein Mangel an Reizen führt zu einem Mangel an Vernetzungen. Entwicklungsverzögerungen, Lernstörungen, Verhaltensprobleme und Konzentrationsmangel können eine Folge davon sein.

Alltägliche Interventionen

- *Körperkontakt: kuscheln, tragen, halten, massieren*
- *sprechen, reden und singen*
- *vorlesen von Reimen, Gedichten, Versen, Geschichten*
- *Sinnesreize vermitteln: Kniereiterspiele, Musik, Hautkontakt...*
- *Zeit für freies Spiel*

- *tanzen, turnen, Bewegungsspiele*
- *Bastel- und Malangebote*
- *loben, anerkennen und ermutigen*
- *Ruhe, um Eindrücke verarbeiten zu können*

BRAIN FOOD

Ernährungsmediziner und -berater beteuern immer wieder und immer öfter, dass bestimmte Lebensmittel einerseits Leistungsfähigkeit und Konzentration steigern und andererseits Stress reduzieren können.

Zu den Energielieferanten fürs Gehirn (auch Brainfood genannt) zählen Blaubeeren, Nüsse, Avocado, Lachs und Hülsenfrüchte.

Das Wichtigste aber, da scheinen sich alle einig zu sein, ist es genug Flüssigkeit - am besten Wasser - zu sich zu nehmen. Nur so kann sichergestellt werden, dass Körper und Kopf ausreichend mit Sauerstoff versorgt werden und so den Gehirnstoffwechsel fördern. Flüssigkeitsmangel kann zu Kopfschmerzen, Müdigkeit und Konzentrationsschwierigkeiten führen.

Es empfiehlt sich Kinder vor, während und nach dem Lernen Wasser trinken zu lassen. Wenn ihr Kind kein Wasser trinkt, verzweifeln sie nicht. Wasser zu trinken ist erlernbar, es braucht aber Zeit, Geduld und Konsequenz.

Das Gehirn verbraucht mehr als 20% unseres Energiebedarfs. Um für eine längere Zeit konzentriert arbeiten zu können ist eine gleichmäßige Energieversorgung nötig.

Seine liebsten Energielieferanten sind Zucker und Fette. Süßigkeiten liefern aber nur kurzfristig Energie. Der Blutzuckerspiegel steigt rasch, fällt schnell wieder ab und führt letztendlich zu einem stärkeren Energieabfall. Der Energielevel kann nicht gehalten werden. Anschließend fühlt man sich müder und erschöpfter.

Für Konzentration und Energie bestens geeignet sind ***langkettige Kohlehydrate,*** da der Körper diese nach und nach in einzelne Bausteine zerlegt und sie so über einen langen Zeitraum kontinuierlich ins Gehirn gelangen.

Langkettige Kohlehydrate sind z B. enthalten in Vollkornbrot, Haferflocken, Reis, Kartoffeln und Vollkornnudeln.

Auch ***mehrfach ungesättigte Fettsäuren*** bringen Energie und spielen für die Gehirnfunktion eine wichtige Rolle. Hochwertige Öle, Nüsse, Trockenfrüchte und/oder fettreicher Fisch sollten daher am Speiseplan nicht fehlen.

Eiweiße sind ebenfalls ein wichtiger Energielieferant und für den Transport von Sauerstoff und Fetten zuständig. Gute Eiweiße sind Fisch, Meeresfrüchte, mageres Fleisch und magere Milchprodukte, Hülsenfrüchte, Vollkorngetreide und Nüsse.

Geistige Tätigkeiten benötigen ***Omega-3-Fettsäuren***. Diese sind Bestandteile der äußeren Membran der Gehirnrinde. Nervenimpulse werden über die fetthaltige Zellmembran weitergeleitet.

Omega-3-Fettsäuren finden wir in tierischen und pflanzlichen Nahrungsmitteln, wie Leinöl, Wildlachs, Kiwis und Walnüssen.

Die neuesten Erkenntnisse und Listen ließen sich wohl noch ewig erweitern. Hinzukommen Nahrungsmittelunverträglichkeiten, Allergien, Nahrungsergänzungsmittel usw. Wenn du dich für diese Thematiken mehr interessierst informiere dich bitte bei ÄrztInnen, ErnährungsberaterInnen, KinesiologInnen etc.

Was mir aber bezüglich Ernährung und Konzentration noch erwähnenswert erscheint, sind Essqualität und Essgewohnheiten.

Wir haben in unserer stressigen Zeit die Nahrung auf ein Minimum reduziert. Oft besteht unser Speiseplan aus Fertigprodukten und schnell zubereiteten Speisen. Zeit um gemeinsam am Tisch zu sitzen, Besteck zu verwenden, in Ruhe zu kauen, zu schlucken und zu verdauen, wird oft vergessen.

Genau das aber ist so wichtig für unseren Körper und unser Gehirn. Um optimale Leistungen vollbringen zu können brauchen wir frische, gesunde Nahrungsmittel, Zeit zum Essen, das Umgehen mit Löffel, Messer und Gabel sowie die Erfahrung des Kauens und Schluckens und Zeit zum Verdauen.

Was lernen wir dabei?

Nehmen wir uns Zeit zum Essen, sitzen wir gemeinsam am Tisch, ritualisieren bestimmte Handlungsabläufe und reden miteinander, so trainiere ich die Grundlagen, die es braucht um schulische Abläufe mühelos ausführen zu können und mich über einen gewissen Zeitraum konzentrieren zu können.

Essen mit Besteck fördert die Feinmotorik, Körperkoordination, Auge- Handkoordination und Konzentration. Man lernt verschiedene Bewegungen in unterschiedlicher Stärke miteinander zu koordinieren.

Schließe die Augen und spüre nach: Was mache ich, wenn ich mit Messer und Gabel esse? Was mache ich, wenn ich einen Text auf ein Blatt Papier schreibe? Kannst du die Ähnlichkeiten entdecken?

Genau hier, im natürlichen Miteinander des Alltags, ist das Lernfeld, das uns gut auf die Außenwelt und ihre Anforderungen vorbereitet.

KONZENTRATION UND FAMILIE

Wir lernen nur von denen, die wir lieben.

Johann Wolfgang von Goethe

Ja, was soll ich dazu noch sagen? Treffender kann man es nicht ausdrücken.

Wir lernen von denen, die wir lieben. Genauso ist das auch bei unseren Kindern, sie lernen nur von denen, die sie lieben.

Umso wichtiger ist es, dass wir gute, liebevolle, vertrauensvolle Verbindungen zu unseren Kindern herstellen. Fast jeder nimmt sich in dem Moment, in dem er erfährt, dass er Mutter oder Vater wird vor, immer für sein Kind da zu sein. Der eine früher, der andere später. Aber wenn es nicht auf Grund tiefer Problematiken Beziehungsstörungen gibt, durchlebt diese "Ich will alles für mein Kind tun - Phase" jeder Elternteil mindestens einmal, meistens viel öfter in seinem Leben.

Dennoch geht dieser Herzenswunsch im Trubel des Alltags manchmal verloren. Zum Teil ist es gut, dass er verloren geht, denn ein Zuviel kann für ein Kind genauso behindernd sein, wie ein Zuwenig. Wie immer ist das richtige Maß die optimale Lösung. Es geht darum einen Ausgleich zu finden zwischen Liebe und Loslassen. Genau die Thematik, die uns im ganzen Leben, in allen unseren Beziehungen immer wieder fordert und beschäftigt, wird uns oft bei unseren Kindern zutiefst bewusst.

Da Lernen und Konzentration viel mit dem Familienleben zu tun haben, ist es eine Grundvoraussetzung Beziehungen untereinander zu reflektieren, zu ordnen sowie zu strukturieren und gegebenenfalls zu verändern und neu aufzubauen.

Lernen und Konzentration haben selbstverständlich auch viel mit Schule und LehrerInnen zu tun. Dazu komme ich ausführlich im nächsten Kapitel.

GESCHULTE, REFLEKTIERTE ELTERN

Eltern, die sich ihres Auftrages bewusst sind, unterstützen ihre Kinder automatisch in ihrem Werden und somit auch in ihrer Konzentration. (Vielleicht machst du das ohnehin und dein Kind kann sich dennoch nicht konzentrieren. Dann müsst ihr eben an einem anderen Thema arbeiten und euch „ent-wickeln".)

Kinder brauchen liebevolle, starke Eltern, die sich ihrer Erziehungsaufgaben und Verantwortungen bewusst sind. So vermittelt man ihnen ein Gefühl der Sicherheit und Geborgenheit. Diese beiden Eigenschaften sind wiederum eine Grundvoraussetzung, um Konzentration erlangen zu können.

Kinder, deren Eltern liebevolle, aber klare Grenzen setzen und sich ihrer Verantwortung bewusst sind, lernen diese Werte in ihr Leben zu integrieren und können sich auch besser konzentrieren. Erstens sind das Grundvoraussetzungen für Konzentration. Zweitens fühlen sich diese Kinder beschützt und sicher, können vertrauen und sich damit auch besser konzentrieren.

Werte verändern sich im Laufe der Zeit und vielleicht ist es gerade jetzt wieder einmal an der Zeit, sich über die eigenen Ziele Gedanken zu machen, sie neu zu benennen, zu ordnen und umzustrukturieren. Die Außenwelt ändert sich, genauso entwickelt sich die Familie als System weiter. Alle werden älter, Interessen verändern sich, der Alltag und die Bedürfnisse der einzelnen Familienmitglieder sind immer wieder einer Weiterentwicklung und Veränderung unterworfen. Oft verhilft eine Innenschau und Neuorientierung mehr, um zu einem gewünschten Ziel zu kommen - in diesem Falle Konzentration der Kinder - als Therapien, Übungen und Medikamente.

Im Folgenden findest du eine Möglichkeit, um dein Familienleben zu überdenken, zu ordnen und neu zu strukturieren. Versuche ganz ehrlich zu dir zu sein, alles ist in Ordnung und darf/durfte sein. Das Jetzt und das Zukünftige wären ohne das Vergangene nicht möglich. Probleme machen nur die verdrängten und verleugneten Anteile in uns. Alles, was erkannt und angenommen wird, kann sich verändern.

WERTE - WAS IST MIR WICHTIG?

- *Wie will ich unsere Partnerschaft gestalten und leben?*
- *Wie will ich unser Familienleben gestalten und leben?*
- *Wie will ich Erziehung gestalten und leben?*

RÜCKSCHAU

- *Warum habe ich mich entschieden eine Familie zu gründen?*

  (bewusst, war immer mein Herzenswunsch, Ursprungsfamilie oder Partner haben darauf gedrängt, ist einfach passiert...)

- *Was waren meine Werte und Ziele? Was war mir wichtig?*
- *Wieviel % konnte ich bis jetzt verwirklichen?*

  (0% - gar nichts, 100% alles)

- *Was konnte ich verwirklichen?*
- *Was von meinen Ursprungszielen möchte ich noch verwirklichen?*
- *Welche Werte und Ziele haben sich verändert?*

AKTUELLE SITUATION

- *Was, von dem was mir wichtig ist, läuft gut?*
- *Was möchte ich verändern?*
- *Was möchte ich neu integrieren?*
- *Wo und wie brauche ich noch Hilfe?*
- *Wer kann mir dabei helfen?*
- *Welche Voraussetzungen habe ich schon?*
- *Was ist mein erster Schritt. Wie werde ich ihn verwirklichen?*
- *Wie und mit wem werde ich feiern, wenn ich eine Verbesserung erkenne?*

Sich Ziele zu setzen und zu versuchen sie zu verwirklichen, kann oft für das gesamte Familiensystem sehr hilfreich sein und gewünschte Veränderungen herbeiführen.

Von Zeit zu Zeit ist es notwendig, über gesetzte Ziele nachzudenken, sie zu reflektieren und gegebenenfalls zu ändern.

Nicht nur unsere Kinder „ent-wickeln" und verändern sich. Auch wir sind das gesamte Leben diesem Prozess ausgesetzt. Wir werden älter und durchlaufen Entwicklungsphasen. Unser Körper verändert sich, wir brauchen Dinge, die wir früher eventuell nicht nötig hatten. Viele Eltern berichten mir, dass sie ruhebedürftiger und genügsamer werden. Das eigene ICH und der Partner, die man viele Jahre vernachlässigt hat, melden sich vehement und fordern ihre Zeit.

Elternsein und Partnerschaft gehören zusammen, stehen sich aber oft genug gegenseitig im Weg. Vielleicht ist es gerade jetzt an der Zeit gemeinsam zu reflektieren und neue Ziele zu erstellen.

ELTERN UND PARTNER SEIN - EIN RESÜMEE

- *Was wollen wir als Eltern vermitteln?*
- *Wie wollen wir als Eltern auftreten?*
- *Was ist uns in unserer Partnerschaft wichtig?*
- *Wie können wir das in den Alltag integrieren?*
- *Wie wichtig in Prozent ist uns eine Veränderung im Bereich Elternschaft?(0% - überhaupt nicht, 100% - voll und ganz)*

- *Wie wichtig in Prozent ist uns eine Veränderung im Bereich Partnerschaft? (0% - überhaupt nicht, 100% - voll und ganz)*
- *Anliegen gereiht nach Wertigkeiten im Bereich Elternschaft.*
- *Was ist unser erster Schritt als Eltern?*
- *Anliegen gereiht nach Wertigkeit im Bereich Partnerschaft.*
- *Was ist euer erster Schritt als Partner?*

Ich glaube ganz oft ist der Konzentrationsmangel der Kinder ein Ausdruck dafür, dass im Familiensystem etwas verändert werden muss. Kinder lieben ihre Eltern absolut, voll und ganz. Vor allem wollen sie, dass es ihnen gut geht. Kinder sind Wegweiser, Ausdruck der momentanen Situation. Sie wollen uns mit ihrem Verhalten darauf hinweisen, dass etwas nicht in Ordnung ist und verändert gehört. Wenn dein Kind Probleme macht, nimm dir Zeit und versuche zu verstehen, was es dir mit diesem Verhalten mitteilen möchte. Meist steckt hinter dem Verhalten des Kindes eine Botschaft.

Ebenso verändern sich Einstellungen, Werte und Ansichten. Wir leben in einer Welt des Wandels. Politik, Wirtschaft, Umwelt alles ist im Umbruch. Das zwingt uns geradezu uns zu verändern.

Wie sehr beeinflussen uns Medien? Was gaukeln sie uns vor, um die Wirtschaft zu steigern? Wie sehr lassen wir uns beeinflussen. Die moderne Gesellschaft (oder wie immer man das benennen will) setzt hohe Maßstäbe und gibt uns viel vor. Viele Dinge braucht man, um mithalten zu können. Teilweise sind dies ganz konkrete Dinge. Wenn ich mich bei einer Arbeitsstelle bewerben will, muss ich meine Bewerbung und meinen Lebenslauf auf einem Computer schreiben, sonst hat man wenige Chancen diese Arbeitsstelle zu bekommen.

Das heißt aber auch, dass jeder Haushalt mindestens einen Computer braucht, dafür braucht man Geld, das man erst verdienen muss. So sind wir automatisch im Rad gefangen, wir können uns zum Teil überhaupt nicht davor abwenden.

Unsere Kinder werden älter, auch ihre Bedürfnisse verändern sich. Sie brauchen uns nicht mehr so, wie sie das als Kleinkind benötigten. Ein Loslassprozess setzt ein.

All das verändert unser System. An diesen Schnittstellen ist es enorm wichtig inne zu halten, Resümee zu ziehen, Altes loszulassen und Neues willkommen zu heißen.

Gehe in Klausur, nimm dir Zeit deine/eure Situation zu überdenken. Was ist nicht mehr hilfreich, was hat ausgedient und gehört verabschiedet? Wo haben wir ein Defizit aufgebaut? Was brauchen wir jetzt ganz dringend in unserem Familiensystem?

Besprich dich auch mit deinem Partner. Nehmt euch wieder Zeit miteinander und überdenkt eure Partnerschaft neu. Was fehlt euch? Was braucht ihr nicht mehr? Was möchtet ihr verändern?

Lasst euch auf Veränderungen ein, sie tun nicht nur der Konzentration der Kinder gut, sondern allen Familienmitgliedern.

In dir selber ist die Lösung. Finde zu dir, und du findest den Weg, die Hilfestellung, den Mut zur Veränderung...

VORBILDER

Konzentration ist nicht ein fertiges Produkt, das man erwerben oder trainieren kann. Die Fähigkeit sich zu konzentrieren ist ein Prozess, der natürlichen Schwankungen unterstellt ist, mal geht es besser mal schlechter. Diese Phasen können kurz, leider auch länger (im schlimmsten Fall die gesamte Schulzeit) dauern.

Konzentrationsfähigkeit zu erlangen ist ein Prozess, der von innen und außen beeinflusst wird. Der eigene Körper, die eigene Ausrichtung und Wahrnehmung spielen dabei eine bedeutende Rolle.

Aber auch das Umfeld hat dabei eine große Bedeutung. Um sich konzentrieren zu können, brauchen Kinder Vorbilder. Wir lernen durch Nachahmung. Kinder schauen sich viel ab von ihrem Umfeld, in den ersten Jahren vor allem von ihren Eltern.

Wenn Kindern dieses stabile Umfeld, diese Vorbilder fehlen, fühlen sie sich unsicher und geraten aus dem Gleichgewicht und somit aus der Konzentration.

Wie kann man Vorbild für sein Kind sein? Welche Werte sind wichtig? Die Antwort darauf ist wieder einmal sehr individuell und richtet sich nach dem Kind, seinen Voraussetzungen und der jeweiligen Situation. Dennoch gibt es gewisse Grundvoraussetzungen, auf die man von Beginn an achten kann.

Eigener Auftrag:

Zu allererst ist es wichtig, sich über seine eigenen Werte Gedanken zu machen. Was ist mir wichtig? Was möchte ich meinen Kindern vermitteln und weitergeben?

Jede Mutter, jeder Vater hat einen Auftrag mitbekommen, den er seinen Kindern vermitteln soll. Viele Menschen sind sich dessen nicht bewusst und haben sich noch keine Gedanken darüber gemacht. Andere sind gefangen im Alltagsstress und vergessen ihren Auftrag zu vermitteln. Es kann hilfreich sein, sich ein Buch anzulegen und die eigenen Werte zu überdenken, seinen Auftrag zu finden, zu definieren und niederzuschreiben. Dieser Auftrag bleibt in seiner Grundfeste wahrscheinlich gleich, aber er ist durchaus auch Veränderungen unterworfen. Darum ist es sinnvoll, sich immer wieder einmal (Kinder zeigen uns den richtigen Zeitpunkt. Der ist dann, wenn es gerade besonders turbulent ist.) hinzusetzen und seinen Auftrag zu überdenken.

Wichtig ist, dass man sich Ziele setzt, die für einen selber passen. Man muss, vor allem Kindern gegenüber authentisch sein, denn sie spüren sofort, wenn etwas nicht von Herzen kommt. Der Auftrag, die Werte - dein Ziel - muss von Herzen kommen und gelebt werden, sonst ist alles umsonst.

Werte zu übernehmen, die gerade modern sind oder uns von Gesellschaft, Eltern, Partnern und Freunden empfohlen werden und für einen selber nicht stimmig sind, ist verlorene Liebesmüh. Sie wirken nicht und führen im schlimmsten Fall zu noch mehr Chaos. Finde deine Wahrheit, deine Erziehungsziele für dich selber.

Selbstverständlich dürfen gewisse Grenzen nicht überschritten werden. Das seelische, psychische und physische Wohl des Kindes muss an vorderster Stelle stehen!

Ruhe

Um Voraussetzungen für ein Feld der Konzentration zu schaffen, müssen wir spüren, was unser Familiensystem braucht. Damit wir das spüren können, brauchen wir immer wieder Phasen der absoluten Ruhe.

Erziehung, das was für ein Kind und eine Familie gut ist, kann nur zu einem gewissen Teil von Experten vermittelt werden. Pädagogen können höchstens ein Grundgerüst an Ideen liefern und in Ausnahmesituationen sowie entwicklungsbedingten Veränderungen hilfreiche Unterstützung anbieten.

Die Essenz, den Grundkern, der die wichtigste Voraussetzung für das Gelingen eines konstruktiven Miteinanders darstellt, kann nur von jedem Elternteil selber kommen.

Um zu spüren, die innere Stimme zu hören, braucht es Auszeiten, Phasen der Ruhe. Ja ich weiß, es ist nicht immer leicht in unserer modernen Gesellschaft sich diese zu nehmen. Aber es geht, wenn man will.

Durchforste deinen Alltag und schaue, wo du dir diese Zeit herausnehmen kannst. Gegebenenfalls muss man das eine oder andere hinten anstellen, um sich die Zeit zu schaffen. Ich kann dir aber versprechen, es gibt genug Dinge, die man einmal auslassen oder vernachlässigen kann (TV, Computer, Zeitung, shoppen, bügeln...).

In diesen Ruhephasen spürt man ganz genau, was man selber braucht und was die Kinder brauchen, damit der Alltag wieder leichter und angenehmer wird.

Gemeinsam statt einsam

Nimm dir Zeit und beschäftige dich mit deinem Kind intensiv mit einer Sache. Sucht euch etwas, das euch beiden gefällt und lebt es aus. Nehmt euch Zeit euch darin zu vertiefen, denn das ist die Grundvoraussetzung für Konzentration.

Ich würde Tätigkeiten im musischen und kreativen Bereich empfehlen, wie Spiel, Natur, Musik, Bastelei, usw. Diese Tätigkeiten bieten uns die Möglichkeit weg vom kognitiven Denken zu gehen und sich dafür einem fühlenden Bereich zuzuwenden. Wenn wir uns musisch-kreativ beschäftigen, beginnen wir zu fühlen und wahrzunehmen. Das wiederum aktiviert Teile in unserem Gehirn, die für Wohlbefinden und Entstressung sorgen, die wiederum als Basis für eine gute Konzentration dienen.

Eine Bekannte hat mir eine Internetseite empfohlen, bei der man alles finden kann zu den Themen kochen, basteln, gestalten uvm. Ich war begeistert, so viele schöne Dinge auf einmal und verlor mich ein Wochenende in der Menge. Bis mir schwindelig wurde und ein überforderndes, hilfloses Gefühl sich in mir ausbreitete.

Was war mit mir passiert? Erstens konnte ich diese Flut an Informationen nicht verarbeiten (keiner kann das) und das bereitete mir Schwindel und Hilflosigkeit. Aber noch etwas ist geschehen. Diese Menge an Möglichkeiten macht Lust, das alles umzusetzen. Das geht aber nicht, man kann das nicht alles tun. Man hat eine Unzahl an Ideen und große Lust diese zu verwirklichen. In der Realität ist dies nicht durchführbar, die Möglichkeiten und das Zeitkontingent passen nicht überein. Diesem Ungleichgewicht sind wir in unserem Leben ständig ausgesetzt. Es hinterlässt ein Gefühl der Unzufriedenheit. Mit dieser Situation sind wir und vor allem unsere Kinder ständig konfrontiert. Wir befinden uns in einem Feld von überwältigendem Angebot und schwindender Zeit.

Was macht das mit uns? Es vermittelt uns das Gefühl, dass wir die Anforderungen ohnehin nicht schaffen können. Dadurch entsteht Konzentrationsmangel. Warum sollte ich mich auf etwas konzentrieren, etwas versuchen zu tun, wenn ich es ohnehin nicht schaffen kann?

Wir sind für unsere Kinder Vorbilder, sie kopieren uns häufig oder machen das genaue Gegenteil. Sie können noch nicht unterscheiden zwischen Freizeit und Schule, zwischen „das ist jetzt wichtig und das nicht“. Auch viele Erwachsene haben da noch ihre Probleme. Kinder verinnerlichen den Glaubenssatz "Es hat ohnehin keinen Sinn!" und übertragen ihn auf ihr Leben. Die Folgen sind Unruhe, Frust, Lernschwierigkeiten, Konzentrationsmangel und -störungen.

Wenn sie ihr Kind wirklich unterstützen wollen, finden sie zurück zu sich selbst. In der Ruhe liegt die Kraft.

Struktur und Ordnung

Das hört sich jetzt wirklich schlimm an, ich habe lange gezögert diese beiden Substantive als Überschrift zu nehmen. Aber wie alles, so haben auch diese beiden Worte zwei Seiten einer Medaille. Wir wenden uns im Folgenden den positiven, hilfreichen zu.

Unsere Welt gerät immer mehr aus den Fugen, aus der Ordnung. Wir sind mit vielen unterschiedlichen Dingen konfrontiert: Krieg, Flucht, Hungersnot, Umweltkatastrophen, Allergien, Unverträglichkeiten, Informationsflut, Unzufriedenheit, Sinnsuche, um nur einige zu nennen. Jeden Tag stürzen neue Ereignisse auf uns ein, die eingeordnet und verarbeitet gehören. Oft hat man das Gefühl sich an nichts mehr orientieren zu können.

Umso wichtiger ist es im Alltagsleben, in der kleinsten sozialen Einheit - das ist unser Familiensystem - Struktur und Ordnung zu schaffen, damit wir diesen Anforderungen leichter und unbeschwerter begegnen können.

Mit Struktur und Ordnung meine ich Interventionen, die uns gut tun, die uns helfen bei uns anzukommen, bei uns zu bleiben, in einen Zustand des Wohlbefindens und der Sicherheit zu kommen und aus diesem Zustand heraus das Leben zu meistern.

Ein geregelter Tagesablauf (der muss nicht absolutistisch, starr sein) sorgt für Orientierung und Sicherheit und hilft uns, dass wir uns im Alltagsleben und den Anforderungen, die uns gestellt werden besser und leichter orientieren können. Oft ist es hilfreich diesen Tagesablauf sichtbar zu machen, mittels Tages- und Wochenplänen, die man gemeinsam gestalten kann. So ist für jedes Familienmitglied ersichtlich was an diesem Tag am Programm steht und zu tun ist. Vielen Kindern hilft dies, ihre Anforderungen leichter zu bewältigen.

Manchmal kann es hilfreich sein gemeinsam Leitlinien zu erstellen. Diese Leitlinien können uns in unserem Denken unterstützen und uns helfen, Werte für ein gutes Miteinander zu entwickeln. Mir gefällt es immer, wenn ich in eine Schulklasse komme und solche Leitlinien an der Wand hängen sehe (Wir hören zu, wenn einer spricht. Ich lasse mein Gegenüber aussprechen. usw.) Was spricht dagegen sich in der Familie gemeinsam Leitlinien auszumachen?

Ordnung in den Räumen hilft leer zu werden, sich zu orientieren und zu konzentrieren. Unsere Wohnungen und Häuser sind angefüllt mit Dingen die wir eigentlich nicht brauchen. Vor kurzem besuchte ich eine Sonntagsmesse, weil mein Sohn mit seiner Klasse diese musikalisch gestaltete. Der Pfarrer verabschiedete uns in etwa mit den Worten: "Ich möchte sie gerne noch zu unserem Pfarrflohmarkt einladen. Hier finden sie Dinge, die keiner braucht. Die kann man kaufen, weil man glaubt, dass man sie doch wieder braucht." Genauso ist es.

Unsere Räume haben keine Leere mehr. Wie sollen wir uns in dieser Überfülle wohl fühlen und konzentrieren können? Viele Dinge sind in unserem Blickfeld, die uns vom Wesentlichen ablenken. Erinnere dich, wie oft schon hat ein entrümpelter Raum Ruhe und Wohlbefinden gebracht. Dann können wir wieder mehr zu Auszeiten finden, die wichtig sind, um die Informationsflut zu verarbeiten und Lösungen zu finden.

Eigene Interessen

Hast du ein eigenes Interesse, ein Hobby dem du nachgehst, dem du dich intensiv widmest? Oder hast du es aufgegeben, weil jetzt, wo du eine Familie hast, dafür keine Zeit mehr ist?

Denke daran, wir sind Vorbilder für unsere Kinder. Das was wir ihnen vorleben, werden sie zu einem gewissen Teil übernehmen. (Anderes werden sie ablehnen und genau umgekehrt leben.)

Wie sollen Kinder lernen sich für eine Sache zu begeistern, sich damit intensiv zu beschäftigen, sich darauf zu konzentrieren, wenn sie es nicht vorgelebt bekommen?

Erlaube dir einem Interesse, einem Hobby nachzugehen - dich darin zu vertiefen, dich darauf zu konzentrieren. Sei ein Vorbild für dein Kind, lebe es ihm vor.

Vorbild sein heißt, es in einem angemessenen Maß zu leben - nicht zu wenig, nicht zu viel. Finde dein richtiges Maß.

Stelle dir immer wieder einmal die Frage (nicht zu oft und nicht zu selten): Wie kann und will ich ein Vorbild für meine Kinder sein?

Das Technikzeitalter bringt einige Veränderungen mit sich. Die meisten von uns sind in einer Zeit aufgewachsen, als wir noch sehr viel weniger technisiert waren. Unsere Kinder haben für Technik ein ganz anderes Verständnis, meist zeigen sie uns, wie der Computer, das Mobiltelefon, der Fernseher funktioniert. Das ist auch in Ordnung so. Kinder sollen die Erfahrung machen, dass auch wir als Eltern von ihnen lernen können. Aber wir müssen Acht geben, dass wir Autoritätspersonen bleiben. Kinder brauchen Eltern, denen sie vertrauen und auf die sie sich verlassen können. Sie können sich nur dann gut entwickeln und dabei Fertigkeiten wie Lernfähigkeit und Konzentration entwickeln, wenn sie ein festes Fundament haben, d. h. Bezugspersonen, die sie ernst nehmen und auf die sie bauen können.

Kinder wollen und brauchen starke Bezugspersonen, die sie liebevoll und klar bis zur Adoleszenz (und in einer bestimmten Form darüber hinaus) begleiten. Spätestens in der Pubertät, meist schon viel früher, testen sie ihre Bezugspersonen bezüglich ihrer Stärke. Ihr Ziel ist es nicht, uns an den Rand der Verzweiflung zu bringen, obwohl es manches Mal den Anschein hat, sondern sie unterziehen uns einem Test. Kinder wollen spüren, dass sie von liebevollen, gefestigten Personen umgeben sind, die ihnen Hilfestellung, Sicherheit und Geborgenheit geben, aber auch Grenzen aufzeigen und ihnen ein

Wegweiser sind in herausfordernden Zeiten. Erwachsen werden ist nicht immer ein Vergnügen und auch manchmal keine leichte Aufgabe. Unsere Kinder leisten Enormes in dieser Zeit.

Eine liebevolle, starke Vertrauensperson zu sein, heißt auch, dass ich dann, wenn es die Situation erfordert klar, strukturiert und deutlich handle. Nichts zu sagen aus einem falsch verstandenen Harmoniebedürfnis schadet mehr, als gegebenenfalls klare Grenzen zu setzen. Vor allem in der Pubertät gerät vieles aus den Fugen, kein Stein steht mehr auf dem anderen. Einerseits ist man fast erwachsen und braucht neue Freiheiten, andererseits ist man hormonell so verwirrt, handelt und benimmt sich wie ein nicht ganz zurechnungsfähiges Wesen. In dieser Zeit braucht es besonders viel Liebe (auch wenn es manchmal schwer ist diese aufzubringen) sowie klare Strukturen und Grenzen.

Kinder und Pubertierende brauchen Personen mit denen sie sprechen können. Darum müssen wir Eltern uns weiterentwickeln und weiterbilden, um mithalten zu können. Die meisten brauchen starke Persönlichkeiten um sich auf ihre Aufgaben, *wachsen - entwickeln - Meinungen bilden - lernen - konzentrieren*, einlassen zu können. Auch wenn es nicht leicht ist, nimm diese Herausforderung an, dein Kind wird es dir danken, irgendwann.

Als Hilfe dafür möchte ich dir eine Formel mitgeben:

eigene (immer wieder reflektierte) Persönlichkeit
liebevolle Grenzen
sinnvolle Struktur
aus tiefstem Herzen

ERZIEHUNG

Damit dies besser gelingt, findest du im Folgenden eine Meditation, die dir helfen kann.

Der Vater/ die Mutter sein, die ich aus tiefstem Herzen sein will:

Erlaube dir, der Vater/die Mutter zu sein, der/die du immer sein wolltest.

Was wolltest du tun?

Wie wolltest du sein?

Was hattest du dir alles vorgenommen?

Wie sind deine Vorstellungen und Sehnsüchte?

Gehe in dich und nimm dir einige Augenblicke Zeit und lass die Gefühle, die Vorsätze wieder hochkommen, als du von der Schwangerschaft deines Kindes erfahren hast. Hole sie hervor aus der Schublade, in die sie gerutscht sind, als der Alltag dich überfuhr.

Einige deiner früheren Ziele musst du wahrscheinlich verabschieden, weil sie in der Realität nicht durchführbar waren. Das ist in Ordnung.

Lasse dich tiefer ein in dein Fühlen, da gibt es noch andere Vorsätze und Ziele, die du hattest - die vergessenen Seelenwünsche, nach denen du dich so sehr sehnst. Die nicht nur du, sondern auch dein Kind vermisst.

Mach sie dir bewusst, fühle sie und nimm sie wieder wahr - sie sind Lösung und Heilung.

Vielleicht möchtest du dir diese alten - neuen Vorsätze aufschreiben und für eine Weile sichtbar aufhängen. Das kann helfen, um sie leichter in den Alltag zu integrieren.

HINTER DIE KULISSEN SCHAUEN…

Auch unser Familiensystem kann einen Einfluss auf die Konzentration der Kinder haben.

Jeder Mensch wird in seinen Handlungen und Taten von den Vorstellungen und Ideen geleitet, die er sich über die Welt macht. Eigene Ansichten geben Orientierung und leiten unser Handeln, was wiederum auf die Umgebung Auswirkungen hat. D.h. eigene Ansichten, innere Bilder und Verhaltensweisen beeinflussen meine Familie.

Bin ich der Meinung, dass mein Kind unruhig sowie anstrengend ist und sich nicht konzentrieren kann, wird es sich auch dementsprechend verhalten. Unsere inneren Bilder sind geprägt durch unsere Erfahrungen.

Unsere Tochter ist wie ihre Oma, die war auch so sensibel.

Mein Sohn ist wie mein Mann, das bringt mich zur Verzweiflung!

Sind ihnen solche Aussagen bekannt?

Einer meiner Söhne ist wie ich! Er ist sehr intelligent, könnte gute Noten haben, hat aber nicht den größten Ehrgeiz dazu. Er ist zerstreut, vergisst Dinge, verträumt den Nachmittag und schafft es dadurch so mittelmäßig durch die Schule. Er ist, wie ich war.

War, dass ist der springende Punkt. Auch wir hatten, und haben immer noch, unsere Defizite. Im Laufe unserer Entwicklung erkannten wir, dass uns bestimmte Verhaltensweisen hinderlich sind und haben diese, oft erfolgreich, verändert. Nun sitzt uns so ein kleiner Erdenbürger gegenüber und erinnert uns an genau diesen wunden Punkt! Es muss nicht unbedingt, so wie bei mir in diesem Fall, ein wunder Punkt sein, es kann auch eine schmerzliche Erfahrung sein. Erlebnisse, die wir verarbeitet, vielleicht auch nur verdrängt haben. Wir haben sie zumindest irgendwie abgeschlossen und wollen nicht mehr damit konfrontiert werden.

Jetzt sitzt einem aber das eigene Kind gegenüber, das einem genau diese Situation, die wir vermeiden wollten, mit immenser Heftigkeit und Vehemenz wieder näher bringt.

Was kann man tun? Vorerst werden sich wahrscheinlich Widerwillen oder Panik breit machen. Aller Wahrscheinlichkeit nach kommt es auch zu Auseinandersetzungen mit dem Kind, weil man mit Unverständnis reagiert. Das macht man nicht aus einer bösen Absicht heraus oder weil man unfähig ist, ein Kind gut zu erziehen. Man handelt so, weil man sich und vor allem sein Kind vor diesen Situationen schützen möchte. Leider ist das keine hilfreiche Strategie.

Will man, dass alle gut durch diese Phase kommen, muss man sich dieser Situation stellen. Heftige, tiefgreifende Erfahrungen brauchen eventuell professionelle Hilfe. Meist aber sind es harmlosere Dinge, die man mit etwas Selbsterkenntnis leicht in den Griff bekommt.

Ist das, was ich mir für mein Kind vorstelle wirklich das, was für es gut ist? Oder ist es das, was für mich gut gewesen wäre bzw. gut war?

Wollen wir unseren Kindern helfen, gibt es meiner Erfahrung nach, nur eine Lösung. Wir müssen uns selbst reflektieren, unsere Anteile zu uns zurück nehmen und das Kind so annehmen, wie es ist.

Danach wurde mir schnell klar, dass ich meinen Sohn nur so sein lassen kann, wie er ist. Aus diesem Sein heraus, kann man die Kinder dann unterstützen, damit sie ihren guten Platz finden.

Ist er anders geworden? Ja und nein! Mein Sohn ist noch immer langsam, trödelt und kommt mal besser, mal schlechter voran. Aber ich kann ihn so sein lassen, annehmen und lieben, wie er ist. Es geht uns wieder gut und obwohl er tief in der Pubertät steckt, erzählt er mir aus seinem Leben und wir lachen wieder miteinander. Jetzt kann er seinen Weg gehen, vielleicht anders, als ich das geplant habe, aber besser, weil für ihn stimmig.

Genauso, wie wir mit unserem systemischen Sein auf Kinder einwirken, wirkt sich die Familie und das Umfeld als System auf unsere Kinder aus und somit auch auf ihre Konzentration.

Trennungen, Krankheiten, Streitereien, berufliche Probleme - alles was uns im Alltag widerfährt - bringt uns manchmal aus dem Gleichgewicht. Nicht nur uns, auch unsere Kinder sind mit uns im System verbunden und kommen dadurch aus dem Gleichgewicht. Was uns aus dem Gleichgewicht bringt, bringt uns auch aus unserer Konzentration. Einige Kinder können solche Einflüsse besser verarbeiten, andere reagieren sensibler und mit Begleiterscheinungen darauf. Traurigkeit, Unruhe, Schlafstörungen, Konzentrationsmangel uvm. können vorübergehende oder länger anhaltende Auffälligkeiten sein.

Daher ist es immer wichtig bei Kindern mit Konzentrationsproblemen auf das Familiensystem zu achten. Gibt es in dieser Familie einschneidende Veränderungen, sind diese häufig mitverantwortlich für die Konzentrationsproblematik.

Was kann man in einem solchen Fall tun? Diese Situationen gehören einfach zu unserem Leben dazu. Menschen werden krank, oft wieder gesund, Menschen werden geboren und sterben. Menschen trennen sich und finden wieder zusammen.

Wir können unsere Kinder nicht vor diesen Lebenserfahrungen bewahren und wir sollen sie ihnen auch nicht verheimlichen. Kinder spüren ganz genau, wenn etwas nicht in Ordnung ist. Sie haben diesbezüglich sehr feine Sensoren. Ihnen geht es genau wie uns "erwachsenen Kindern", sie fühlen sich nicht ernst genommen und spüren, dass etwas nicht in Ordnung ist. Wenn keine vertrauensvolle Gesprächsbasis von den Erwachsenen vorbereitet und aufgebaut wurde, fühlen sie sich verunsichert und reagieren darauf. Meist mit

Verhaltensauffälligkeiten, Befindlichkeitsstörungen, Konzentrationsproblemen etc.

Kinder können mit einschneidenden Veränderungen meist gut umgehen, wenn darüber gesprochen wird, gemeinsam getrauert wird, für die Verarbeitung Zeit gegeben wird und sie sich mitteilen dürfen. Alles was Worte hat, ist für Menschen leichter zu verarbeiten, als unausgesprochene, dennoch merk- und fühlbare Ereignisse.

Trau dich in kindgerechter Weise mit deinem Kind über problematische Situationen zu sprechen. Gebt euch den Raum zum Verarbeiten, Trauern und zur Lösungssuche. Jeder wird hier seine eigenen Wege und Rituale finden. Wichtig ist, dass man sich dessen bewusst ist und sich dafür Zeit nimmt.

Damit ist nicht gemeint, dass das Kind zum "Problemlösungspartner" wird. Gerade in schwierigen Situationen ist die richtige systemische Position vom Erwachsenen und Kind besonders wichtig. Der Erwachsene trägt die Verantwortung und die Last, das Kind wird über die Situation in kindgerechter Weise informiert. Weitere Gespräche dienen ausschließlich der Verarbeitung des Schmerzes des Kindes. Die erwachsene Person muss sich eine gleichstarke oder stärkere Person für die eigene Verarbeitung suchen.

In der folgenden Tabelle findet ihr einige Tipps zur Problemlösung in Krisensituationen. Diese sind hilfreich, um im direkten Umfeld des Kindes adäquat auf die belastende Situation zu reagieren. Falls die Auffälligkeiten der Kinder sehr stark sind oder länger anhalten, sollte man sich nicht scheuen professionelle Hilfe in Anspruch zu nehmen.

I) VERTRAUEN AUFBAUEN

In Krisensituationen brauchen Kinder besondere Unterstützung. Sie können sich aber nur von starken Personen helfen lassen.

Frage dich: Kann ich das jetzt in dieser Situation oder brauche ich selber Hilfe?

Wenn ja, dann zeige das deinem Kind ganz deutlich, möglicherweise auch mit klaren Worten.

Wenn du momentan nicht stark sein kannst, hole dir selber Hilfe.

Kinder können uns nur dann ernst nehmen, wenn das was wir tun für sie schlüssig und nachvollziehbar ist. Wie soll ein Kind Hilfe annehmen können, wenn es etwas ganz anderes vorgelebt bekommt?

Du entlastest das Kind damit. Kinder übernehmen sehr schnell die Erwachsenenrolle und wollen den geschwächten Elternteil stützen. Das sollte auf keinen Fall geschehen. Die Positionen innerhalb der Familie müssen auf jeden Fall erhalten bleiben. D.h.: Die Eltern sind die Großen und die Kinder sind die Kleinen. Dann kann sich das Kind fallen lassen und die Basis für eine gute Bewältigung der Krisensituation ist geschaffen.

II) IM GESPRÄCH BLEIBEN

Wenn sichergestellt ist, dass du selber für dich gut sorgst oder für dich gesorgt wird, dann bleibe sehr bewusst mit deinem Kind im Gespräch. Das ist in unserer Gesellschaft nicht mehr selbstverständlich. In unserem turbulenten Alltag geht das schnell verloren. Dafür muss man bewusst Zeit einplanen.

Sprich mit deinem Kind, kindgerecht, über eure Situation und die Veränderungen.

Was braucht wer und wie können wir das verwirklichen?

Was ist gut/schlecht an unserer Situation?

Was soll verändert werden?

Was muss gleich bleiben?

uvm.

Man kann auch die nächsten Schritte gemeinsam aufschreiben und zu Hause gut sichtbar aufhängen.

Dabei darf auch hin und wieder geweint werden. Gemeinsames Weinen kann auch eine heilende Wirkung haben. Vor allem aber hilft es Kindern sich zu öffnen. Wenn wir Erwachsene den Mut haben unseren Gefühlen Ausdruck zu verleihen, können auch Kinder lernen ihre Stimmungen und Empfindungen anzunehmen. Gefühle und Empfindungen wahrnehmen und nicht unterdrücken ist der erste Schritt in Richtung einer positiven Veränderung.

III) EINE ANGENEHME ATMOSPHÄRE SCHAFFEN

Gerade in herausfordernden Zeiten ist es wichtig, sich in seiner Umgebung wohl zu fühlen. Schaut gemeinsam gerade jetzt besonders darauf, was ihr braucht.

Richtet euer Heim gemütlich ein (das muss nicht teuer sein).

Räumt auf, mistet aus, verabschiedet euch von Dingen, die ihr nicht braucht.

Sucht euch gemeinsam Dinge, die euch jetzt besonders gut tun: Lieblingsmusik, -essen, -duft, -beschäftigung...

In Krisensituationen ändert sich viel, nichts bleibt mehr so, wie es war. Alles verändert sich.

Lasst diese Veränderungen zu. Verschafft euch selber eine Oase, in der ihr euch wohlfühlen, ausrasten und auftanken könnt. Gestaltet gemeinsam Rituale und zelebriert diese.

Kinder lernen von uns und Kinder spiegeln uns. Von Beginn ihres Lebens zeigen sie uns punktgenau unsere Stärken, aber auch unsere Schwächen. Unsere Aufgabe ist es dies anzunehmen und zu verarbeiten.

Heute saß ein Freund unserer Familie und einer meiner Lieblingsautoren, René Freund, bei uns in der Küche und sagte in etwa folgendes: Zwei Dinge verwirren uns an unseren Kindern. Einerseits sind sie ganz anders als wir und das ist befremdend. Andererseits sind sie ganz gleich wie wir und das kann auch sehr beängstigend sein. Aber beides ist gut.

Genau das ist es. Unsere Kinder zeigen uns unsere Thematiken auf. Auch wir müssen uns entwickeln (weiter entwickeln) und an uns arbeiten, genau wie unsere Kinder. Wenn wir das nicht tun, sorgt der Nachwuchs dafür, dass wir nicht darauf vergessen. Auch wir sind im Entwicklungsprozess, der hört nicht auf solange wir leben. Nehmen wir diese Aufgabe und Herausforderung an, dann können die Kinder loslassen und sich leichter auf ihre eigenen Aufgaben konzentrieren.

Ganz oft habe ich in meiner Praxis erlebt, dass Konzentrationsprobleme der Ausdruck davon waren, dass das betreffende Kind sich zu sehr mit den Thematiken und Problemen der Eltern auseinandersetzte. Energie, Kraft und Ausdauer für die eigenen Dinge war so selbstverständlich nicht mehr viel vorhanden.

Willst du es deinem Kind erleichtern sich auf seine eigenen Aufgaben zu konzentrieren, lebe es ihm vor, indem du dich um deine eigene Reifung, deinen eigenen Entwicklungsprozess kümmerst. Es ist nicht immer einfach und lustig, das gebe ich zu, aber es lohnt sich allemal.

Wir haben unsere eigenen Entwicklungsprozesse, wir werden älter, unsere Sicht auf die Welt verändert sich, unser Körper ist Veränderungen unterzogen, alles wird anders. Leider passiert es oft, dass wir uns damit nicht auseinander setzen wollen und unsere eigenen Thematiken auf die Kinder projizieren.

Ich glaube eine der größten Problematiken im Bereich Kindererziehung ist die, dass wir selber nicht mehr reflektieren und an uns arbeiten.

Vor kurzem war eine sehr liebevolle Mutter mit ihrem Sohn bei mir in der Praxis, weil er so ängstlich ist und sich nicht viel zutraut. Die Mutter wirkte sehr stark und sie schien ihre Mutterrolle perfekt zu beherrschen. Nach einigen Stunden gemeinsamer Arbeit, in der auch die Mutter zu mir Vertrauen fassen konnte, begann sie sich zu öffnen und es wurde rasch klar, dass auch die Mutter unter einigen Ängsten litt und im Grunde sehr vorsichtig war. Im Laufe der Zeit hat die Mutter diese Ängste verdrängt, sie will ja eine starke und liebevolle Mutter sein, und sie auf das Kind projiziert. Das ist ein ganz normaler Vorgang der täglich passiert. Sie hat das aus bestem Gewissen getan, im Glauben alles richtig zu machen.

Genau hier ist für mich einer der Knackpunkte im erzieherischen Alltag. Wir sind so beschäftigt und zugeschüttet mit vielen, oft unnützen Tätigkeiten, dass wir nicht die Zeit und Kraft haben, uns selbst zu analysieren und zu reflektieren. Wer will das schon, wenn er sich in dieser Zeit mit ganz anderen Dingen, wie fernsehen, Computer spielen, Facebook... usw., beschäftigen kann.

Dabei wäre es so wichtig sich immer wieder eine Auszeit zu genehmigen und sich zu fragen:

- *Was ist mein Thema dabei?*
- *Wo ist mein Defizit?*
- *Was brauche ich?*

Eine Familientherapeutin hat einmal zu mir folgenden weisen Satz gesagt: "Wenn es den Eltern gut geht, geht es den Kindern gut!"

Unsere Aufgabe ist es, auch auf uns zu schauen und an unserer Entwicklung zu arbeiten. Denn nicht nur wir erziehen unsere Kinder, sondern unsere Kinder erziehen uns.

Vielleicht kennst du diese oder eine ähnliche Situation: Dein Kind macht dir Sorgen. Es lernt nicht, hat schlechte Noten in der Schule. Die Lehrerin beklagt sich, dass es sich nicht konzentrieren kann. Diese Situation fordert dich so heraus, dass du immer wieder darüber nachdenken musst. Das nimmt dich sehr in Anspruch, deine Arbeit leidet darunter, weil du dich nicht konzentrieren kannst...

Hast du dir schon einmal überlegt, dass es deinem Kind genauso geht: Du machst ihm Probleme, weil du dich einfach nicht weiter entwickeln willst. Ständig tust du mehr als dir gut tut, du kümmerst dich nicht um deine Reifung. Das macht dich unzufrieden und zu Hause nörgelst du öfter herum. Diese Situation fordert dein Kind so heraus, dass es ständig überlegt, wie es dir helfen kann, meistens im Unterricht, weil es sich da ungestört fühlt. Dadurch hört es nicht was der Lehrer sagt. Dieser beschwert sich...

Wenn wir unseren Kindern etwas Gutes tun wollen, dann müssen wir mit unseren eigenen Geschichten und Verletzungen arbeiten, sie erkennen und heilen, damit wir sie nicht auf unsere Kinder projizieren und diese sie ausleben müssen.

Wie das gehen kann? Meist reicht es, sich dieses Phänomens bewusst zu werden, sich Auszeiten und Ruhe zu gönnen, um darüber reflektieren zu können.

Jeder Mensch verarbeitet anders. Einige Menschen joggen, gehen auf einen Berg, arbeiten im Garten, andere malen, schreiben oder basteln. Ich glaube, es ist nicht so wichtig was man macht, Hauptsache es ist stimmig und man tut es.

Viel zu oft vergessen wir auf uns selbst, um in die Stille und in die Tiefe zu gehen. Vergiss beides nicht, dich selbst und die tiefe Stille.

Möglichkeiten:

- *Sich selber einen Brief schreiben über alles was einen belastet und verletzt hat. Diesen anschließend verbrennen.*
- *In einer Meditation seinen eigenen inneren Heilraum erstellen. Sich regelmäßig dorthin zurückziehen und belastende, verletzende, noch offene Thematiken dort ablegen und um Heilung bitten.*
- *Regelmäßige Spaziergänge in der Natur, ganz alleine, nur mit sich selbst.*
- *Einmal in der Woche für eine gute Stimmung sorgen und "nur" Musik hören.*
- *Einen Ordner anlegen und jede Woche ein Stimmungsbild malen.*
- *Man kann die unterschiedlichen Methoden natürlich auch miteinander kombinieren.*

RUNTER VOM GAS!

Es ist zu viel, es ist genug. Unsere Gesellschaft ist nahe vor dem Kollaps. Überall hört man das Gleiche: Ich kann nicht mehr! Manager, Rechtsanwälte, Ärztinnen, Verkäuferinnen, Lehrer, Eltern und Kinder, in allen Berufsgruppen fühlen sich viele Menschen ausgelaugt, oft schon ausgebrannt. Kein Wunder, wenn es überall nur darum geht mehr zu leisten, mehr zu fordern und mehr zu haben. Irgendeinmal müssen die Systeme kippen, weil sie überfüllt und überfordert sind. Unter Stress kann man sich auch nicht konzentrieren.

Kinder reagieren mit ihren Eltern mit. Eine Mutter, die mit ihrem Kind zu mir in die Praxis kommt, hat mir einen schönen Spruch gesagt. "Unser Alltag ist ihre Kindheit."

Kinder reagieren nicht nur auf ihre Anforderungen, sie müssen emotional zum Teil auch noch unsere Anforderungen mittragen. Sie sind auf uns angewiesen, brauchen uns und unsere Energien. Daher leiden und leben sie auch mit, wenn wir überfordert sind. Das heißt für uns Eltern, dass wir doppelt auf unsere Kinder achten müssen.

Einerseits ist es unsere Aufgabe darauf zu achten, dass sie in ihrem Alltag einem gesunden Maß an Anforderungen ausgeliefert sind. Diese Aufgabe ist deshalb immer wieder sehr herausfordernd, weil jedes Kind ein anderes Maß braucht und sich durch Entwicklungsprozesse das Maß immer wieder ändert. Zusätzlich sind uns vom System gewisse Vorgaben gegeben, denen wir uns nur bedingt entziehen können. Diese Aufgabe kann sich oft wie ein Hindernislauf für uns Eltern anfühlen. Es wird Zeiten geben, wo uns das gut gelingt und bei Schwierigkeiten leicht Lösungen gefunden werden können. Aber es wird auch Phasen geben, in denen es keine Lösung gibt und die einzige, aber auch wertvollste Hilfestellung die ist, einfach für das Kind da zu sein, körperlich - seelisch - geistig beim Kind zu sein.

Andererseits müssen wir auf uns selber achten, oft auch auf unseren Partner, dass wir uns nicht überfordern oder überfordern lassen. Auch das wird uns manchmal leichter, dann wieder schwerer gelingen.

Nimm dir Zeit, denke über eure Situation nach, sprich mit deinem Partner und deinen Kindern, sucht nach neuen Lösungen und verändert dadurch eure Situation. Mit der Zeit wird mehr Ruhe in euer System einkehren und sich jeder für sich wieder wohler fühlen und besser konzentrieren können.

In dieser Welt, in dieser Zeit ist beinahe alles möglich. Diese große Vielfalt hat auch dazu geführt, dass unsere Ansprüche sehr gestiegen sind. Wir stellen hohe Anforderungen an uns und unsere Mitmenschen.

Männer müssen erfolgreich sein und sich im Beruf durchsetzen können, gleichzeitig müssen sie sich in die Frauenwelt einfühlen können und an der Kindererziehung beteiligen. Aber genau im richtigen Ausmaß, sonst gelten sie schnell als zu weich und sensibel.

Frauen müssen einfühlsam sein, die Familie versorgen, im Beruf erfolgreich sein und einen ganzen Haushalt managen. Aber auch genau wie bei Männern im richtigen Ausmaß, sonst gelten sie als Emanzen und gefährlich.

Kinder müssen perfekt sein! Sie sollen gute Schulnoten haben, höfliche Umgangsformen, viele Interessen, mindestens ein Hobby mit Erfolg ausüben und oft noch als Bindeglied zwischen den Eltern, die sich vor lauter Anforderungen und Stress auseinander gelebt haben, fungieren.

Wird ihnen auch übel, wenn sie das überdenken. Mir schon, vor allem wenn mir bewusst wird, dass ich dabei nicht übertreibe.

Es ist schlichtweg genug und zu viel. Nur ein ausgeglichener Mensch ist ein glücklicher Mensch. Genau das ist der Sinn unseres Lebens. Wir sollen lernen glücklich zu werden und nicht perfekt.

Das Leben bewegt sich in Wellen, es geht bergauf und bergab. Wir machen Fehler, lernen daraus und entwickeln uns weiter. Leben heißt lernen und lernen heißt üben. Wir müssen Fehler machen, scheitern, hinfallen, uns aufrappeln und weitergehen. Wir dürfen bestimmte Abschnitte in unserem Leben weniger erfolgreich durchschreiten, andere wieder erfolgreich.

In unseren heutigen Systemen haben wir das Probieren, Erfahren, Versuchen, Scheitern, Spüren und Wahrnehmen wegrationalisiert. Man glaubt immer noch, durch Abstraktion, Struktur und Leistung schnell alles zu erreichen. Aber das ist ein Trugschluss, so funktioniert Leben nicht. Wir sind Menschen mit Gefühl, Herz und Verstand. Daher brauchen wir mehrere Ebenen, um uns wohl zu fühlen. Ja, wir müssen denken und gefordert werden. Aber wir müssen auch fühlen, spüren und wahrnehmen. Es geht um die richtige Mischung.

Wollen wir zufriedene, glückliche Kinder, dann müssen wir unsere Anforderungen herunterschrauben. Wir entwickeln uns, wir lernen und wir dürfen ausprobieren sowie Fehler machen. Wir sollten das Leben wieder mehr als Spiel sehen, das Spaß machen darf. Erlaubt euch weniger perfekt zu sein.

Spielen ist das beste Lernfeld für Konzentration. Lasst das Spiel wieder in euer Leben einkehren, nehmt euch die Zeit dazu, eure Kinder werden es euch danken.

Dein Kind kann sich nicht konzentrieren, dann spiel mit ihm. Gestaltet euer Leben spielerisch. Spielen strukturiert nicht nur das Gehirn, es verschafft uns auch Freude, Spaß und Entspannung. Alleine das gemeinsame Sein und Tun wirkt sich auf die Psyche, Leistungsbereitschaft und Konzentration der Kinder äußerst positiv aus.

Spielen bewirkt, dass die Freude wieder in die Herzen einzieht, man fühlt sich wohl und das ist die beste Voraussetzung für eine gute Konzentration.

Wir können die Welt entstressen und neu gestalten. Wenn wir warten, dass sich unser stressiges Leben ändert oder es jemand für uns ändert, warten wir höchstwahrscheinlich vergebens. Das müssen wir selber tun und es liegt an jedem Einzelnen.

Wir brauchen in unserem Leben eine gute Balance zwischen Nähe und Distanz, zwischen mehr und weniger. Nimm dir Zeit und denke über folgende Fragen nach:

- *Wo ist es in meinem Leben genug?*
- *Wo braucht es ein Loslassen?*
- *Wo ist es in meinem Leben zu wenig?*
- *Wo braucht es Unterstützung?*

Rosa Strasser, Psychotherapeutin, Supervisorin und Organisationsberaterin, hat mir erzählt dass wir vor allem in herausfordernden, unsicheren Zeiten nach Geborgenheit und Sicherheit suchen. In unstabilen, unsicheren Zeiten können wir diese Sicherheit nur in uns selber, durch unseren Körper finden. Momentan leben wir in einer sehr unsicheren Zeit, daher ist unser Verlangen nach Schutz besonders groß und Körperwahrnehmung kombiniert mit Zeit eine gute Methode, um Sicherheit über den eigenen Körper zu erlangen.

Ein bekannter Journalist (ich weiß leider seinen Namen nicht mehr) hat in einem Interview über sein Burnout, die Arbeit an der Thematik und der Heilung erzählt, dass es eine Übung gab, die ihm wirklich geholfen hat. Dabei hat er verstanden, warum er ins Burnout gerutscht ist und was er in Zukunft verändern muss.

Er nahm sich einen ganzen Abend Zeit, hat es sich auf seinem Sofa bequem gemacht und eine Kerze angezündet. Den ganzen Abend beobachtete er die Flamme und ließ alle Gefühle, die in ihm zum Vorschein kamen zu. Das Einzige, was er tat, war sich zu beobachten, fallweise zu weinen und bewusst und ruhig ein und aus zu atmen.

Dieses Erlebnis machte ihm deutlich wie wenig Zeit wir damit verbringen ganz bei uns zu sein. Nicht nur das, ihm wurde auch bewusst, dass diese Zeit essentiell wichtig ist und nur diese Einkehr uns Energie und Regeneration verschafft.

Was hindert uns daran, uns den einen oder anderen Abend Zeit zu nehmen?

KONZENTRATION UND PÄDAGOGISCHE EINRICHTUNGEN

„Wir sind Schüler von heute, die in Schulen von gestern,

von Lehrern von vorgestern, mit Methoden aus dem Mittelalter,

auf die Probleme von übermorgen vorbereitet werden.“

Dr. Peter Pauling

Im Laufe unserer Schulzeit lernen wir viel. Aber werden wir auch auf das Leben mit seinen unzähligen Prüfungen und Herausforderungen vorbereitet?

Vermittelt uns Schule, wie wir miteinander umgehen sollten? Haben wir Techniken erlernt gut auf uns selber zu achten, Grenzen anzuerkennen und einzuhalten sowie sich in sein Gegenüber einzufühlen und wertschätzend miteinander umzugehen?

Sind wir mit unserem Schulabschluss wirklich gerüstet und können uns dem Leben stellen?

Haben wir von Schule, Eltern, Großeltern, Familie und Freunden so viele Informationen, Hilfestellungen, Einstellungen, Werte und Normen mitbekommen, dass wir uns gerüstet fühlen für das neue Abenteuer?

Bei mir war es definitiv nicht so! Obwohl ich eine längere Schulausbildung erfuhr und Familienmitglieder hatte, die sich um mich kümmerten, mir Werte vermittelten und mir beibrachten zu reflektieren. Am Ende war ich dennoch auf mich alleine gestellt, hilflos und das Leben gestaltete sich vorerst als große Herausforderung.

Oft hätte ich mir gewünscht in der Schulzeit mit KlassenkollegInnen und LehrerInnen darüber philosophiert zu haben, Ideen zur Seite zu haben. Wie teile ich mir den Tag ein? Was mache ich, wenn es zu viel ist? Wie verhalte ich mich Autoritätspersonen gegenüber, wenn sie sich grenzüberschreitend verhalten? Was ist richtig und was ist falsch, wo ist es zu viel und wo zu wenig? An was soll ich glauben?

Als ich mich dann eingerichtet hatte, Erfahrungen gesammelt hatte, kam der nächste Schritt. Ich bekam ein Baby. Damit gingen die Fragen und Unsicherheiten erneut los. Schaffe ich das? Was mache ich jetzt? Bin ich gut genug? Ich sollte glücklich sein, ich habe ein gesundes Kind - aber mir ist oft zum Heulen. Bin ich eine schlechte Mutter?

Fragen über Fragen, warum nur hat man mir in meiner Jugendzeit nichts davon erzählt und mir Lösungen angeboten?

Vielen Menschen, die ich befragt habe, ging es ähnlich. Schule ist ein veraltetes System und es wäre dringend nötig Reformen einzuleiten.

Es spricht wirklich für die Einzigartigkeit und enorme Flexibilität der meisten Kinder, dass sie trotz Schule lernen. *(Uta Henrich)*

ENTSPRECHENDE AUS- UND FORTBILDUNGEN

Es gibt nur eins,

was auf Dauer teurer ist als Bildung,

keine Bildung.

John F. Kennedy

Würden unsere Politiker und jene, die in puncto Schulsystem Entscheidungen treffen, diesen weisen Ausspruch berücksichtigen, würde manches sicherlich viel besser laufen.

Seit ich mit den Themen Schule und Lernen als Pädagogin konfrontiert bin, hat sich fast jährlich etwas verschlechtert. Es wurde gekürzt, gestrichen, eingespart. Für die Bildung hat das meiner Meinung nach katastrophale Folgen.

Wenn wir eine gut funktionierende Welt mit zufriedenen, gesunden Menschen wollen, brauchen wir nachhaltige Bildung. Diese kann aber nur funktionieren, wenn sie uns etwas wert ist. Leider habe ich nicht das Gefühl, dass unsere Gesellschaft das will.

Hier sparen wir an der falschen Stelle. Unsere Kinder sind die Zukunft der Erde und es ist unsere Pflicht, sie bestens darauf vorzubereiten, diese unsere Erde gut zu verwalten.

Dafür braucht es Offenheit, Weitblick und den Willen sich selber weiter zu entwickeln, einerseits vom gesamten System und der Gesellschaft, andererseits von jedem Einzelnen und in diesem konkreten Falle von den PädagogInnen.

Um unsere Kinder gut und adäquat bilden zu können, braucht es laufende Aus-, Fort- und Weiterbildungen.

Selbstreflexion sich selbst und dem System Schule gegenüber ist unabdingbar, wenn wir wollen, dass unsere Kinder sich zu gesunden und glücklichen Menschen entwickeln können.

PädagogInnen müssen die Bereitschaft haben, sich korrigieren zu lassen, aus Fehlern zu lernen, Dinge zu hinterfragen, sich anzustrengen und bereit sein für Veränderungen.

Sind es nicht genau oben erwähnte Punkte, die das Schulsystem von unseren Schülern verlangt? Wenn wir wollen, dass unsere Kinder das können, müssen wir es ihnen vorleben.

Sich selber immer wieder weiterentwickeln heißt, an sich zu arbeiten, sich fortzubilden und bereit für Veränderungen zu sein. Wir können nicht immer nur von unseren Kindern verlangen, dass sie sich entwickeln, lernen und verstehen. Wir müssen ihnen Vorbilder sein.

Die Ausbildung für Lehrer und Lehrende gehört verändert, damit unsere Kinder zeitgemäß unterrichtet werden können.

Als ich mit meiner Lehrerausbildung begann, gab es natürlich wie überall Eröffnungs- und Vorstellungsrunden. Wir sollten erzählen wie wir heißen, woher wir kommen und warum wir uns gerade für diesen Beruf entschieden haben. Damals schon war ich tief erschüttert, als ich in diesen Runden mehrmals folgende Erklärung hörte: "Ich will unter anderem Lehrerin werden, weil man diesen Beruf sehr gut mit Familie und eigenen Kindern vereinbaren kann." Ich hätte mir gewünscht, dass zumindest ein Professor Bedenken ausgesprochen hätte. Leider wartete ich vergebens.

LehrerIn zu sein, ist eine sehr verantwortungsvolle Aufgabe, weil sie weitreichende Folgen und Auswirkungen hat. Daher sollte man genau prüfen, wer wirklich dazu fähig ist. Es sollten nur Menschen ausgewählt werden, die bereit sind, sich auf Kinder und andere Personen einzulassen und auch bereit sind, sich selbst immer wieder in neue Entwicklungsprozesse zu begeben.

Wir entwickeln uns immer weiter, dieser Prozess beginnt in diesem Leben mit der Zeugung und dauert bis zum Tod. Gerade LehrerInnen müssen sich darüber bewusst sein und bereit sein, sich in Veränderungen, Prozesse und Entwicklungsschritte einzulassen. Das gemeinsame Arbeiten und Sein mit Kindern ist ein dynamischer Prozess, der sich gegenseitig beeinflusst. Nur wenn wir Erwachsene dafür bereit und fähig sind, kann ein gesunder Austausch mit den Kindern und Jugendlichen geschehen. Nur dann können sich die Lernenden auf die Lehrenden einlassen, sie ernst nehmen und von und mit ihnen lernen und reifen.

Haben Kinder Lehrer, denen das bewusst ist und die sich darauf besinnen, können sie sich viel besser entwickeln und tun sich auch beim Aufnehmen und Verarbeiten von Wissen viel leichter.

Es bräuchte eine revolutionäre Veränderung des gesamten Bildungssystems, ein Überdenken und Reflektieren, wahrscheinlich sogar eine neue Einstellung zum Leben, ein anderes Bewusstsein über unser Sein.

In meiner Praxis und meinem Lebensumfeld erlebe ich viele Menschen, die dieses neue Bewusstsein schon in sich tragen und leben wollen. Leider stoßen sie in den Systemen, vor allem im Bildungssystem, sehr oft an ihre Grenzen, verzweifeln und verwerfen ihre Werte oft wieder und ordnen sich entsprechend unter.

Sich genauer darüber Gedanken zu machen, wie unsere Gesellschaft diese neuen Werte aufbauen soll und was diese Werte überhaupt sind, würde den Rahmen dieses Buches sprengen. Dafür braucht es ein eigenes Buch.

Sicher aber ist, wir brauchen neue Werte, Ordnungen und Systeme, damit unsere Erde und unser Gemeinschaftsleben wieder gesunden kann.

"Wir sind am Rande des Kollaps angelangt!", hat Papst Franziskus vor kurzem gesagt. Ich gebe ihm Recht, es ist höchste Zeit etwas zu verändern. Das System tut nichts. Wenn wir daran glauben, warten wir vergebens. Es liegt an uns, an jedem Einzelnen, den ersten Schritt zu tun. Dafür braucht es Mut und Ausdauer, weil es ein länger andauernder Prozess ist, aber es würde sich auszahlen und das Leben aller bereichern und verschönern.

Ich würde mir auch eine verstärkte Zusammenarbeit zwischen Wirtschaft und Pädagogik wünschen. Diese beiden Bereiche könnten so viel voneinander profitieren. Die Wirtschaft könnte der Pädagogik vermitteln, welche Techniken, Systeme und Interventionen nicht funktioniert haben und welche Taktiken gut laufen. Darauf könnte Didaktik aufbauen.

Pädagogik wiederum könnte der Wirtschaft vermitteln, wie man effizienter, besser und liebevoller mit sich und anderen umgehen kann, damit das Miteinander ein produktives Miteinander ohne Verletzung und Missachtung werden kann. Jeder könnte dem anderen ein Stück davon geben, was er gerade sucht und braucht. So könnten alle wunderbar voneinander lernen und sich weiterentwickeln.

Fort- und Weiterbildung für Lehrer müsste verpflichtend und viel effizienter sein und sich am neuesten Stand der Wissenschaft orientieren.

In meiner Praxis werde ich immer wieder mit Legasthenie konfrontiert. Legasthenie, wenn ausgetestet, muss mittlerweile von LehrerInnen berücksichtigt werden, das ist eine Muss-Bestimmung. Wie der Lehrer dies berücksichtigt, bleibt jedem Einzelnen überlassen, das ist eine Kann-Bestimmung. Das darf es doch nicht geben! Dafür braucht es klare Richtlinien und Vorgaben, an die sich jeder Lehrer halten muss. Ich erlebe in der Praxis immer wieder, dass Lehrer nicht genau wissen, welche Fehler sie überhaupt berücksichtigen müssen. Bis jetzt konnte mir niemand genau sagen, wie das wirklich ist. Keiner weiß wirklich Bescheid, keiner tut etwas. Aber vielleicht habe ich bis jetzt auch nur die falschen Leute gefragt.

LehrerInnen brauchen bezahlte Supervisionen. Hier spart man sicher an der falschen Stelle. Könnten LehrerInnen regelmäßig mit geschulten Personen über ihre Situation sprechen, würden sie sich wohler fühlen, sicherer sein, schneller effizientere Lösungen zur Hand haben und daher auch weniger gestresst, dafür viel gesünder sein.

In meinem dritten Dienstjahr arbeitete ich mit einer Kollegin in einer Integrationsklasse. Wir hatten eine sehr anspruchsvolle Klasse und extremste Anforderungen zu meistern. Da uns keine Supervision gewährt wurde und wir schon zu Weihnachten am Ende unserer Kräfte waren - ich wurde ständig gefragt, ob ich ernsthaft krank sei, so elend habe ich ausgeschaut - beschlossen wir uns selbst eine Supervision zu bezahlen, die ich nie bereut habe. Sie hat mir nicht nur in konkreten Situationen geholfen, ich konnte mir auch für spätere Situationen ganz viel mitnehmen.

Aus-, Fort- und Weiterbildung sowie Supervision sollten für LehrerInnen selbstverständlich sein und nicht diskutiert werden müssen.

Wenn wir gemeinsam ein veraltetes System erneuern, ist es nur noch eine Frage der Zeit, bis sich Kinder wieder konzentrieren können.

Viele gute Gedanken, die du selber auch schon gehabt hast. Aber was mache ich nun damit? Was kann ich konkret tun? Habe ich deine Gedanken erraten?

Leider kann ich momentan auch keine vollkommene Lösung anbieten. Es kann jetzt noch keine endgültige Lösung geben. Große Umstrukturierungen sind immer ein längerer Prozess, der Zeit braucht. Einschneidende Veränderungen begannen in der Weltgeschichte immer bei einzelnen Personen. Es braucht couragierte, mutige Einzelpersonen die beginnen den Lauf der Zeit zu verändern.

Ich liste dir ein paar Ideen auf, wie du beginnen kannst dich, dein System und folglich auch deine Umgebung und weitere Systeme positiv zu beeinflussen und zu verändern.

Vorschläge:

- Entwicklung ist ein lebenslanger Prozess, der unser Sein und auch unsere Arbeit beeinflusst. Alleine das anzuerkennen und zu berücksichtigen kann viel verändern. Erlaube dir innezuhalten und zu spüren, wo du dich gerade befindest. Gestehe dir zu, da zu stehen, wo du stehst. Anzuerkennen, dass man sich selber gerade in einem Entwicklungsprozess befindet, kann schon viel verändern. Ich halte dazu Seminare (Entwicklung von 0-99) und es ist immer wieder schön zu sehen, wie viel sich bei Menschen verändert, die sich auf diesen Prozess einlassen.

- Nimm dir täglich ein paar Minuten Zeit für dich. Richte dir eine kleine Ecke ein, in der du dich wohl fühlst und Ruhe finden kannst. Bleib einfach ein paar Minuten täglich bei dir und lasse zu was ist. Erlaube deinen Gedanken zu fließen: Kochrezepte, Ärger, Auflistungen was zu tun ist - alles ist erlaubt. Wichtig ist, dass du dir täglich ein paar Minuten Auszeit nimmst und deine Gedanken fließen lässt. Ich kann dir nicht versprechen, dass es irgendwann keine Gedanken mehr gibt, zumindest ist das bei mir noch nicht eingetreten, obwohl ich es schon lange praktiziere. Aber die Gedanken werden kreativer, produktiver und liebevoller. Das wiederum verändert die Art und Weise, wie wir leben und was wir tun.

- Setz dich mit deinem Partner oder deinen Kindern zusammen und fragt euch:

  Was macht uns als Paar, als Familie aus?

  Was verbindet uns abseits von Stress, Arbeit und Leistung?

  Was sind unsere gemeinsamen Interessen?

  Was ist unsere Essenz?

- Besorge dir ein Tagebuch und mache dich mit Hilfe folgender Fragen auf die Reise:

1) IST-Zustand: Wo stehe ich?

   Was macht das mit mir und meiner Umgebung?

2) SOLL-Zustand: Was hätte ich gerne?

   Was braucht es dazu?

3) TO-DO LISTE: Was ist schon da?

   Was kann ich tun?

   Wo brauche ich Unterstützung?

   Wer kann mir helfen?

   Wo kann ich momentan nichts ändern?

   Wie gehe ich damit um?

   Was ist mein erster Schritt?

   Wie sind die nächsten Schritte?

4) BEOBACHTUNGSPROTOKOLL: Was habe ich gemacht?

   Was ist passiert?

   Wie ist es mir dabei ergangen?

   Wie würdige ich mein Tun?

Große Veränderungen begannen immer bei einzelnen Personen, oft wurden diese als Sonderling, Eigenbrötler oder Spinner gesehen. Aber genau diese Personen haben die Welt zum Besseren verändert.

Dieses Phänomen findet man bei großen Veränderungen (Thomas Edison wurde von der Schule verwiesen, weil er als zu wenig intelligent, nicht schulfähig eingestuft wurde. Später erfand er nicht nur die Glühbirne.), und auch bei scheinbar kleinen Dingen, die unscheinbarer, aber genau so viel bewirken.

Die Volksschullehrerin meiner Tochter war die erste Lehrerin in unserem Ort, die sich für Montessori und alternativere Lernformen interessierte, eine Ausbildung machte und auch danach unterrichtete. Es wurde ihr nicht leicht gemacht. Soviel ich weiß, hat ihr der Schulinspektor sogar mit der Kündigung gedroht. Er sah es als großes Problem, dass sie in ihrer Klasse eine Leseecke mit einer Bank hatte. Sie hat sich durchgesetzt und Jahre später kann ich nur sagen, dass es sich ausgezahlt hat. Viele Kinder sind in den Genuss anderer Lernformen gekommen und auch einige LehrerInnen haben sich anstecken lassen und ihren Unterrichtsstil verändert. Jeder wiederum hat andere angesteckt.

So leicht kann sich etwas verändern und größere Kreise ziehen. Es sind die kleinen Schritte, die die Welt zum Besseren verändern und es liegt an jedem von uns sie zu gehen und dadurch das Leben von uns, unseren Kindern, unseren Mitmenschen und der ganzen Welt ein Stück lebenswerter zu gestalten.

Wenn dich diese Methode anspricht und du sie praktizierst, dann wirst du dich weiterentwickeln und mehr Ideen werden entstehen.

Suche dir Gleichgesinnte und tausche dich mit ihnen aus. Bildet Gruppen und arbeitet miteinander, unterstützt und ermutigt euch. Traut euch kleine Schritte zu gehen und die Welt so mitzugestalten. Dann sind wir nicht mehr fremdbestimmt, sondern können eigenen Gestalter unserer Welt werden.

GEFÜHLVOLLE PÄDAGOGEN

Schule ist Ordnung in einer kleinen sozialen Einheit mit Auswirkung auf das große Ganze. Will man nachhaltig positiv einwirken, braucht es einiges an Anforderungen, Tätigkeiten und Energie um diesen Ansprüchen gerecht zu werden. Man muss sich in viele Schüler mit den unterschiedlichsten Bedürfnissen einfühlen, wahrnehmen was wer wann braucht, Wissen vermitteln, Vorbild sein und all diese vielen Eindrücke verarbeiten um sich jeden Tag aufs Neue diesen Herausforderungen zu stellen.

Lehrer müssen das täglich alles sein. Sie können sich nicht mehr nur auf das Vermitteln von Lehrstoff beschränken. Unsere Gesellschaft und unsere Bedürfnisse haben sich stark verändert und somit auch das Aufgabenfeld und die Herausforderungen von LehrerInnen.

Um diesen Anforderungen gerecht zu werden braucht es Ausbildung, Wissen, Reflexion und auch Anerkennung.

Ich glaube, bzw. in anderen Wirtschaftsbereichen weiß man, dass sich die Welt in den letzten Jahren sehr verändert hat und sich weiterhin rasch ändert. Dadurch haben sich Bedürfnisse, Lebensweisen und auch der Körper verändert. Das heißt auch, dass sich die Art und Weise wie wir lernen verändert hat. Oft habe ich das Gefühl, dass das alle wissen, außer das Schulsystem und die Leute die darin bestimmen.

Es braucht neue Strukturen und Ordnungen, neue Herangehensweisen. Das Lehrerbild und die Lehrerausbildung müssen neu definiert werden. Es braucht genaue Konzepte, möglicherweise einen Anforderungskatalog. Dann kann man sich daran orientieren und genau überlegen, ob man diesen Beruf erlernen möchte.

Du fragst dich jetzt bestimmt, wie dieses Konzept ausschaut und was es beinhalten soll. Eine genaue Definition kann und will ich in diesem Buch nicht geben, aber eine grobe Auflistung gebe ich gerne weiter.

Grobkonzept einer Lehrerpersönlichkeit

EIGENE PERSÖNLICHKEIT

- Selbstbewusst im Leben stehen.
- Selbständig arbeiten.
- Sicheres Auftreten.
- Sich selbst, andere und anderes wertfrei reflektieren können.
- Bereitschaft sich ständig fortzubilden.
- Offenheit für Veränderungen.
- Einfühlsam sich selbst und anderen gegenüber sein.
- Bereitschaft sich selbst zu entwickeln.
- Sich auf Entwicklungsprozesse von und mit Kindern einlassen können und wollen.

EINSTELLUNG KINDERN UND JUGENDLICHEN GEGENÜBER

- Sich mit jungen Menschen auseinandersetzen und beschäftigen wollen.
- Interesse an der Entwicklung von Menschen.
- Kindern und Jugendlichen unterstützend, liebevoll und wertfrei zur Seite stehen wollen.
- Geduld, Ruhe und Vertrauen für sich selbst, die Schüler und den Lernprozessen.

FACHLICHER HINTERGRUND

- Interesse an verschiedenen Thematiken.
- Offenheit für didaktisches Vorgehen.
- Didaktisches Geschick.
- Fachwissen.

Drei Dinge scheinen mir besonders wichtig: ein wertvoller Umgang mit Kindern, die Fähigkeit sich emotional auf Kinder einzulassen und sich selbst realistisch reflektieren zu können.

Wie bewerte ich ein Kind? Kann man völlig wertfrei und neutral bewerten? Nein, Keiner kann das! Deswegen ist es so enorm wichtig, dass PädagogInnen (und auch Eltern) bereit sind "hinter die Dinge zu schauen".

Bewerte ich einen anderen Menschen, ob durch Noten oder verbal, spielen immer viele Faktoren mit, nicht nur die Leistung dieser Person. Die Persönlichkeit dieses Menschen, seine Lebensgeschichten, meine eigenen Lebensgeschichten, eigene nicht verarbeitete Dinge, die ich beim Gegenüber wieder erkenne, eigene positive Eigenschaften, die beide gemeinsam haben uvm. beeinflussen die Beurteilung. Das sollte man sich bewusst machen, bevor man einen Schüler beurteilt. Man kann nicht wertfrei beurteilen, auch nicht, wenn man das möchte. Wir bringen immer unsere eigenen Erfahrungen mit, ganz stark natürlich die nicht aufgearbeiteten, und vermischen sie mit unserem Gegenüber.

Diesem Umstand sind unsere Kinder oft hilflos ausgesetzt. Viel nicht berücksichtigte Elemente entscheiden über die Zukunft des Kindes mit.

Man weiß das! Gerade darum bin ich der Meinung, es ist an der Zeit, dass sich Experten intensiv mit dieser Thematik auseinander setzen und nach konstruktiven Lösungen suchen. Die Zukunft unserer Kinder, im weitesten Sinne unserer Erde, könnte davon positiv beeinflusst werden.

Bewertung, Beurteilung, Zensur, Noten beeinflussen das Miteinander zwischen LehrerInnen und SchülerInnen sehr stark. Das Muss die SchülerInnen zu benoten, kann sich oft sehr negativ auf die Beziehung zueinander auswirken.

Sobald es um Noten geht, werden alle angespannter, verlangender und unausgeglichener.

Dabei ist ein vertrauensvolles Miteinander das Um und Auf für Entwicklung und Lernen. Wie sollen sich unsere Kinder frei, leicht und ungezwungen entwickeln können, wenn sie in diesem Dilemma festsitzen.

Ich will damit nicht ausdrücken, dass man gar nicht beurteilen soll, sondern vermitteln, dass die Form, wie in unseren Breitengraden beurteilt wird, bzw. beurteilt werden muss, nicht sehr zielführend ist und bestimmt zu einem nicht unwesentlichen Anteil mitverantwortlich ist für die vielen unzähligen Problematiken, die unsere Kinder heutzutage aufweisen.

Ich alleine kann auch keine für alle gültige Lösung anbieten. Aber ich weiß, dass es einige gefühlvolle, fähige Experten gibt, die fähig wären neue Lösungen zu finden.

Unsere Gesellschaft ist im Umbruch. Damit sie sich gut neu ausrichten kann, brauchen wir unsere Kinder. Sie sind für uns und unsere Erde das Wertvollste, das wir haben. Darum brauchen Kinder eine liebevolle Unterstützung und Begleitung. Dazu braucht es qualifizierte PädagogInnen. Sie sind für die Zukunft enorm wichtig.

LehrerInnen müssen die Fähigkeit besitzen sich emotional auf Kinder einzulassen.

Dazu müssen PädagogInnen über eigene Stärken und Schwächen Bescheid wissen und gelernt haben sie anzunehmen, zu reflektieren, gegebenenfalls zu verändern oder damit zu leben.

Erst wenn PädagogInnen bereit sind, ein Leben lang an sich zu arbeiten und ihre Erfahrungen in ihre Arbeit mit Kindern zu integrieren, sind sie soweit, dass sie mit Kindern leben und lernen können und dabei nachhaltig hilfreich und wertvoll auf Kinder einwirken können.

Kinder spiegeln uns und werfen uns auf unsere eigenen Thematiken zurück. Habe ich mit einem Schüler starke Probleme, weckt das alte Erinnerungen und Erlebnisse in mir, die ich nicht verarbeitet habe. Man ist immer gefordert und sollte sich und die Situation ständig reflektieren. Dazu braucht es Mut und Hilfen!

Setzt ein Prozess der gegenseitigen, gemeinsamen Entwicklung ein, kann gefühlvolle, wertvolle und sinnvolle Pädagogik beginnen.

NEUGIER UND WISSBEGIERDE

LehrerInnen, die nach veralteten Methoden unterrichten, weil das immer schon so war...

LehrerInnen, die nach Schulbuch S.. unterrichten...

LehrerInnen, die sich nicht durchsetzen können und dadurch im Unterricht Chaos herrscht...

LehrerInnen, die so viel verlangen, dass es SchülerInnen fast nicht mehr schaffen und wir Erwachsenen es überhaupt nicht mehr schaffen könnten, wenn wir noch müssten...

LehrerInnen, die Angst machen oder Angst haben...

LehrerInnen, die ungerecht sind...

Wie sollen sich unter diesen Umständen Neugier, Wissbegierde und in weiterer Form Konzentration entwickeln können?

Also ich habe es in meiner Schulzeit nicht geschafft. Seitdem sind einige (eigentlich viele) Jahre vergangen und an manchen Abenden, wenn ich meine Praxistüre schließe, frage ich mich: "Hat sich gar nichts verändert?"

Mir ist bewusst, dass sich vieles verändert hat und es viele wertvolle PädagogInnen gibt, die mit großem Enthusiasmus, Einsatz und Begabung ihr Bestes geben.

Aber vieles liegt noch "im Argen" und ab und zu habe ich das Gefühl wir machen gerade einen großen Rückschritt.

Von den Kindern wird immer noch mehr verlangt. Schon in den Grundschulen sitzen Kinder häufig 3 Stunden am Nachmittag bei ihren Hausaufgaben. Wo soll das noch hinführen? Sicher nicht dahin, dass sich unsere Kinder wieder besser konzentrieren können.

Leistung, Zentralmatura, Kompetenzüberprüfung - wollen wir Entwicklung und Lernen wirklich darauf reduzieren?

Entwicklung, Erziehung, Lernen sind dynamische Prozesse. Wir entwickeln uns, die Welt entwickelt sich, Kinder verändern sich. Ergo muss sich das Bildungssystem immer wieder neu gestalten. Dafür müssen das System, die Gesellschaft sowie LehrerInnen bereit und offen sein.

Unsere Welt hat sich verändert. Wir sind reifer, mündiger und selbstbestimmter geworden. So auch unsere Kinder.

Darum brauchen konzentrierte Kinder für Entwicklung und Veränderung offene Bezugspersonen. LehrerInnen, die neugierig aufs Leben sind, sich fortbilden, reflektiert und einfühlsam sind. Das Wichtigste, so scheint mir, ist die Offenheit und das Interesse an sich verändernden Gesellschaftsformen.

"Pragmatisierte Systemtreue" - ich nenne es jetzt einfach so und ich glaube, jeder weiß was ich damit meine - schafft untätige LehrerInnen und unkonzentrierte Kinder.

Pragmatisierte Systemtreue fördert, dass Menschen LehrerInnen werden und bleiben, die nicht dafür geschaffen sind.

Offenheit, Neugierde und Wissbegierde braucht es nicht nur für den zu vermittelnden Unterrichtsstoff, sondern auch für die Entwicklung jedes Einzelnen, für unsere Bedürfnisse und Anforderungen des täglichen Lebens.

Ich wage zu behaupten, dass ein guter Lehrer 50% Lehrstoff vermittelt und 50% menschliche, entwicklungsbezogene Werte. Damit hat er bessere Erfolge und die Schüler bringen bessere Leistungen als LehrerInnen, die vermehrt Schulstoff vermitteln.

Konzentration braucht Neugierde und Wissbegierde. Wie sollen unsere Kinder dies lernen, wenn es ihnen nicht von uns, der Gesellschaft und dem System vorgelebt wird? Damit unsere Kinder sich wieder besser konzentrieren können, braucht es Veränderungen und Umstrukturierungen.

Wie das gehen kann, würde den Rahmen dieses Buches sprengen. Aber es gibt schon neue Erkenntnisse und neue Modelle, viele Experten, die sich darüber schon Gedanken gemacht haben. Es wäre schön, wenn sich diese gemeinsam an einen Tisch setzen würden, um ein neues Konzept auszuarbeiten. Dann bräuchte es nur noch Offenheit von Politik und Gesellschaft um dies umzusetzen.

Vielleicht schaffen wir noch rechtzeitig den Kurswechsel, bevor uns unsere Kinder durch ihre immer massiver werdenden Probleme dazu zwingen. Unsere Kinder hätten es sich verdient, dass wir ihnen diese Thematik abnehmen!

Diese Veränderung beginnt bei jedem Einzelnen. Wenn wir beginnen umzudenken, anders zu handeln, neu zu erziehen und dafür einzustehen, dann muss sich schlussendlich auch die Gesellschaft, die PolitikerInnen und das Schulsystem ändern.

Ein friedliches, liebevolles System kann sich nur aus einer inneren Stille und Ruhe entwickeln. Trau dich und erlaube dir in die Stille zu gehen, bei dir anzukommen und aus dieser Ruhe heraus "deinen" Weg für dich, deine Familie und dein Umfeld (dein kleines Universum) zu gestalten. Viele kleine Universen ergeben schlussendlich ein großes Ganzes - so kann unsere Erde wieder eine lebenswerte Welt werden.

LERNEN GEHÖRT GELERNT ODER LERNEN LERNEN

Um lernen zu können, muss ich mich wohl fühlen mit meinen Mitmenschen und in meiner Umgebung.

Haben unsere Schüler hierbei ein Mitbestimmungsrecht? Können sie mitentscheiden, mit wem sie in die Klasse gehen, von welchen LehrerInnen sie betreut werden und können sie ihre Lernumgebung mitgestalten?

Meist müssen Kinder und Eltern akzeptieren, was ihnen vorgegeben wird. Mir ist durchaus klar, dass es ein heilloses Durcheinander geben würde, wenn jeder rein selbstbestimmt handeln würde. Mir ist aber auch bewusst, dass viele Lern- und Verhaltensprobleme daraus resultieren, dass sich das jeweilige Kind in der vorgegebenen Lernumgebung einfach nicht wohlfühlt und die Chemie zwischen Kind und Mitschüler, LehrerIn oder Umgebung nicht stimmt. Genau in diesen Fällen würde ich mir eine größere Transparenz wünschen, mehr Gespräche und Lösungsmöglichkeiten. Es kann vorkommen, dass sich zwei Menschen nicht verstehen, bei uns Erwachsenen passiert das genauso wie unter Kindern oder zwischen Lehrern und Schülern. Warum müssen diese sich dann 4 Jahre oder mehr miteinander quälen? So kann lernen und „ent-wickeln" nicht passieren.

Lernen braucht eine gute Atmosphäre zwischen den Personen, dem Raum und dem Umfeld.

Um gut lernen und miteinander wachsen zu können, muss man sich aufeinander einschwingen und einen gemeinsamen Rhythmus finden. Ja, das ist eine Herausforderung in unserer heutigen, überfüllten Zeit. Niemand kann sich mehr auf sich selber besinnen und einlassen und schon gar nicht auf jemand anderen. Aber genau das braucht es, um lernen und sich konzentrieren zu können.

Die Schule sollte Zeit für gemeinsames Gestalten, Erfahren und Wahrnehmen einplanen. Es muss Schülern bewusst werden, dass ein anderer Mensch eventuell anders fühlt als er selbst. Kinder sollten lernen, dass sie mit ihrem Verhalten viel Gutes aber auch Schlechtes bewirken können. Sie brauchen Hilfen und ein Handwerkszeug, wie sie in zwischenmenschlichen Bereichen agieren können. Unsere Gesellschaft hat verlernt miteinander zu sein, zu kommunizieren und zu handeln.

In Beziehungen müssen wir uns wahrnehmen und erfahren, damit wir uns aufeinander konzentrieren können. Kann ich mich auf meine Mitmenschen und mein Umfeld konzentrieren, dann kann ich das auch beim Lernen und umgekehrt. Wir müssen uns auf vielfältigen Ebenen ausprobieren und erfahren, dann können wir uns konzentrieren und richtig lernen.

Die Schule sollte vielfältige Möglichkeiten des Erfahrens anbieten, an denen sich Kinder üben können. Schule ist nicht mehr nur ein Ort der Anhäufung von kognitivem Wissen, die Zeiten haben sich verändert. Schule muss ein Ort werden, an dem Kinder auf vielen verschiedenen Ebenen lernen können: kognitiv, emotional, physisch, psychisch, sozial uvm.

Lernen gehört neu definiert, erweitert und neu gelernt. Folgende Aspekte sollten dabei nicht fehlen:

- ***Sich selbst wahrnehmen und spüren:***

Wie fühle ich mich? Was brauche ich?
Was kann ich für mich tun?

Was könnte jemand anderes für mich tun?
Wie kommuniziere ich dies?

- ***Den anderen wahrnehmen und spüren:***

Wie wirkt mein Gegenüber auf mich?
Was wird mir kommuniziert?

Braucht dieser Mensch etwas? Kann ich helfen?
Wie kann ich auf mein Gegenüber zugehen?

- ***Wie wirkt meine Umgebung auf mich:***

Brauche ich etwas? Wie kann ich meine Bedürfnisse erkennen und dafür sorgen, dass sie erfüllt werden?

- ***Techniken, die helfen:***

Meditation, Atmung, Körperübungen, Sport, singen, schreiben, malen, reden, fühlen, Kommunikationstechniken

In kürzester Zeit hat sich sehr viel verändert. Strukturen sind zusammengebrochen und neue entstanden, Lebensformen die früher überlebensnotwendig waren, gelten als überholt, neue haben sich gebildet, das ganze Leben ist verändert. Das ging alles sehr schnell und oft scheint mir, dass nur unsere Körper in dieser "Jetzt-Zeit" angekommen sind, unsere Seele ist noch auf der Reise hierher.

Das führt zu Unsicherheiten und Unstimmigkeiten. Wir müssen funktionieren und uns den neuen Gegebenheiten anpassen, teilweise auch unterordnen. Damit das reibungslos passieren kann, braucht man die gesamte Körper-Seele-Geist Einheit. Ein Teil von uns ist aber noch nicht ganz angekommen und so passiert es immer wieder, dass wir nicht adäquat reagieren.

LehrerInnen, die zu viel verlangen und herzlos mit den Kindern umgehen. Eltern, die LehrerInnen unter Druck setzen oder völlig abwesend sind. Kinder, die auf diese Situationen mit Verhaltensproblematiken, Unruhe, Aggression und Unaufmerksamkeit reagieren. Das ist unser momentaner Alltag. Ich übertreibe nicht, es gibt fast keine Schule, wo dieses Phänomen nicht zumindest in Ansätzen vorhanden ist.

Wir machen uns selber das Leben schwer, nicht weil es uns Spaß macht, sondern weil wir unsicher sind, keinen Handlungsplan haben und aus dieser Unsicherheit heraus reagieren.

Wir bräuchten Auszeiten, Reflexion und ein „Sich-Finden“, um ganz im Hier und Jetzt anzukommen. Ja, ich wiederhole mich. Ich habe viele Menschen und Familien erlebt, die sich langsam erholt haben von dieser Situation und einen neuen, lebenswerteren Weg einschlagen konnten. Keine dieser Familien hat es geschafft, ohne bei sich selber anzukommen, Resümee zu ziehen und aus dieser inneren Sicherheit und Ruhe das Leben neu zu definieren und danach zu gestalten.

LehrerInnen haben nicht mehr die Macht und das Ansehen, das sie früher einmal hatten, Eltern sind selbstbestimmter geworden, aber auch gestresster. Meist müssen beide Elternteile arbeiten, um sich das Leben leisten zu können. Kinder kommen mit anderen Voraussetzungen als früher in die Schule und brauchen eine andere Erziehung. Vieles ist in Veränderung. Aber es gibt kein Konzept, wie man damit umgehen soll. Es braucht ein neues Bewusstsein, um diese Aufgaben zu meistern und dazu braucht es Auszeiten, Ruhe und Frieden.

Menschen brauchen ein Handwerkszeug, Methoden, die ihnen helfen den Anforderungen gerecht zu werden und zu lernen.

Im Internet kann man eine Vielzahl von Lerntechniken finden. Man braucht nur auf einen Knopf drücken und ist zugemüllt von Ratschlägen. Viele Schulen bieten Kompetenztage an, mit dem Ziel Schülern geeignete Lerntechniken anzubieten. Es gibt viele Möglichkeiten, das ist nicht das Problem.

Zwei Dinge hindern uns oft daran, aus dieser Fülle zu schöpfen und sie ins Leben zu integrieren.

Erstens wird uns eine riesige Menge innerhalb von kürzester Zeit geboten. Viele verzweifeln schon zu Beginn, auf Grund dieser Überhäufung oder schaffen es nicht, das für sie Richtige zu finden. Auch hier gilt wie so oft, weniger ist mehr.

Zweitens lernen wir nicht mehr, bei einer Sache zu bleiben. Hat man endlich die richtigen Techniken gefunden, fehlt die Konsequenz diese auch regelmäßig anzuwenden. Wir lernen in unserer schnelllebigen Zeit nicht mehr, bei einer Sache zu bleiben.

Es kann auch nicht zielführend sein, Kindern in der ersten Schulwoche im Zuge eines Projektes Lerntechniken zu vermitteln und sich anschließend das ganze folgende Schuljahr nicht mehr darum zu kümmern. Kinder brauchen regelmäßige Unterstützung und Begleitung, damit sie Lerntechniken verinnerlichen und vertiefen, gegebenenfalls verändern können. Lerntechniken zu vermitteln und anzuwenden sollte eines der wichtigsten Aufgabenbereiche von Schule darstellen. Vieles lernen Kinder dann ganz von selber. Aber sie brauchen Hilfestellungen, wie sie das Lernen „lernen" können. Sinnloses, übertriebenes Anhäufen von Wissen ist dabei nicht zielführend.

Nicht jedes Kind lernt gleich, es gibt verschiedene Lerntypen. Es gibt Kinder die besser durch Hören aufnehmen, andere durch das Sehen, wieder andere durch Schreiben oder Bewegung. Mir ist keine Schule bekannt, die darauf Rücksicht nimmt. Jeder Lehrer geht von seinem eigenen Verständnis aus, meist ist das seine Herangehensweise an Lernen und glaubt, das ist das Maß aller Dinge. So ist es aber nicht. Jedes Kind lernt anders und jedes Kind hat das Recht sich in seiner Weise weiterentwickeln zu dürfen. Anstatt sinnloser Schulreifetests und Kompetenzüberprüfungen würde ich mir Testungen wünschen, die Aufschluss darüber geben, welcher Lerntyp das betreffende Kind ist und was es dabei an Hilfestellungen braucht.

In unseren Systemen werden ein, maximal zwei Lerntypen berücksichtigt, an denen sich Schule orientiert. Wenn ein Kind Glück hat, fällt es in diese Kategorie und kann leicht lernen. Genau diese Lerntypen passen ins System und werden wieder LehrerInnen und unterrichten nach ihren Vorstellungen und Erfahrungen.

Andere haben weniger Glück, müssen sich sehr anstrengen oder scheitern, obwohl sie große Fähigkeiten hätten. Unsere Kinder reagieren auf diese Situation mit unangemessenem Verhalten. Wie lange dauert es noch, bis wir sie endlich verstehen?

Wir brauchen Offenheit, Verständnis und Akzeptanz für Lerntyp 3, 4 und 5, sowie LehrerInnen aus diesen Lerntyp-Kategorien.

Viele Kinder kommen mit der Schnelligkeit, die in unseren Schulen gefordert wird nicht gut zurecht. Es gibt Kinder, die Informationen auf einer tieferen Ebene verarbeiten, sich länger damit auseinandersetzen und sich viel dazu überlegen. Das braucht Zeit und diese Zeit hat das Schulsystem für unsere Kinder nicht. Schade! Denn dieser Prozess von „annehmen – innehalten – reflektieren – verarbeiten – kombinieren und Neues entstehen lassen“ schafft mündige Bürger, die unsere Welt – gerade in Zeiten wie diesen – ganz dringend benötigen würde.

Diese Kinder sind sehr schnell frustriert. Da sie sich solchen belastenden Situationen fast täglich aussetzen müssen, brauchen sie eine Lösung. Meist besteht ihr Lösungsweg darin abzuschalten, abzuschweifen – sich nicht zu konzentrieren!

Wieder einmal frage ich mich: Sind es unsere Kinder, die sich nicht konzentrieren können? Oder sind es doch die Erwachsenen, die so fern von Fühlen und Einfühlen sind, nur noch auf Kompetenzen und Leistung ausgerichtet und sich daher nicht mehr auf die Kinder konzentrieren können?

Lernen braucht Wiederholung und Wiederholung braucht Zeit. Man kann in junge Menschen nicht sinnlos Unmengen von Wissen hineinstopfen. Das hat nicht nur keinen Sinn, sondern auch katastrophale Auswirkungen.

Spreche ich mit Menschen, deren Schulzeit hinter ihnen liegt, höre ich immer wieder dasselbe: Ich musste so viel Sinnloses lernen und habe das meiste sehr schnell wieder vergessen, weil ich es mein ganzes Leben nicht mehr brauchte.

Leider hat sich an dieser Situation nichts geändert. Ganz im Gegenteil, manchmal habe ich das Gefühl, es wird immer schlimmer.

Warum schafft man es in unserer heutigen, so hochmodernen Zeit, immer noch nicht mehr auf die Bedürfnisse, Fähigkeiten und Interessen von Menschen einzugehen? Warum muss ein sprachbegabter Mensch so viel Mathematik, Chemie und Physik lernen und kann sich nicht auf seine Stärken konzentrieren? Warum darf ein Kind, das großes Interesse an Biologie hat, nicht diese Fähigkeiten ausleben? Warum kann ein hochmusikalisches Kind nicht seine Interessen verstärkt hier einsetzen und warum muss es sich mit so vielen Dingen beschäftigen, die es später nicht mehr braucht?

Grundlagen sind wichtig, höre ich jetzt viele aufschreien. Ja, ich gebe diesen Menschen Recht. Aber man muss sich die Frage stellen, welche Grundlagen wichtig sind. Unser Schulsystem arbeitet noch nach Grundlagen von vor dreißig bis hundert Jahren. Ich wage zu behaupten, dass dies nicht mehr zeitgemäß ist, sondern sogar schädigend.

Lernen braucht Zeit! Zeit zum Aufnehmen, Verdauen, Einordnen und Wiederholen. Jene Kinder, mit denen ich arbeite, haben diese Zeit nicht mehr. Vor kurzem war ein Bub bei mir in der Praxis, dessen Oma unerwartet nach einem Autounfall im Sterben lag. Die Mutter bat darum, dass die anfallenden Schularbeiten in dieser akuten Zeit nicht geschrieben werden müssen oder anders bewertet werden. Die Schule hatte dafür kein Verständnis. Es war keine Zeit für Trauer.

Leben, entwickeln und lernen braucht Zeit! Wieviel ist uns unser Leben und Wohlbefinden wert und wieviel Zeit wollen wir dafür aufwenden? Wenn wir zufriedene und konzentrierte Kinder wollen, werden wir über diese Frage nicht hinwegkommen.

EIN NEUES SCHULSYSTEM...

Vieles habe ich zu diesem Thema schon angesprochen und ich werde versuchen mich nicht zu wiederholen. Außerdem möchte ich im Rahmen dieses Buches nicht genauer darauf eingehen. Erstens würde das den Rahmen dieses Buches sprengen und an der Thematik vorbei gehen. Zweitens bin ich der Meinung, dass sich darüber nicht nur eine Einzelperson Gedanken machen kann. Dazu bräuchte es ein Expertenteam, das sich aus Spezialisten verschiedener Kategorien, die in Bereichen wie Gehirnforschung, Entwicklung, Wahrnehmung, soziales Zusammenleben, Wirtschaft uvm. gebildet sind, zusammensetzt.

Allgemein aber kann man sagen:

Lehrpläne gehören aktualisiert, da sie veraltet sind.

Lehrpläne gehören entrümpelt, es ist zu viel.

Das Schulsystem gehört aktualisiert, es ist überholt.

Lehrpläne gehören reformiert. Neue Erkenntnisse müssen integriert werden. Die Welt entwickelt sich, die Pädagogik sollte das auch tun. In Schulen habe ich oft das Gefühl im Museum zu sein.

Ich weiß Didaktik und Lehrstoff haben sich verändert. Aber das scheint mir zu wenig. Bedürfnisse des Einzelnen, Entwicklungsschritte unserer Gesellschaft und sich ändernde Voraussetzungen gehören berücksichtigt.

Immer noch finde ich in Schulen wenig Verständnis und Offenheit für Flexibilität. Von den SchülerInnen wird diese sehr wohl verlangt, dann könnten wir diese auch von unserem Schulsystem erwarten.

Unser ältester Sohn war in der Unterstufe ein Chaot und blitzgescheit. Seine Englischprofessorin hatte Probleme mit seiner chaotischen Schreibweise. Sie wollte eine genaue Struktur im Heft, weil sie behauptete, nur durch diese Ordnung kann man Wissen verschriftlichen und im Hirn abspeichern. Unser Sohn fand das nicht, und er konnte dieser Ordnung nichts abgewinnen. Maturiert hat er mit einer sehr guten Note.

Wir können von unseren Kindern nicht etwas verlangen, das wir ihnen nicht vorleben. Unsere Gesellschaft und vor allem unsere Kinder sind sehr mündige Persönlichkeiten. Darauf muss das Schulsystem endlich reagieren. Unsinnige Dinge in unsere Kinder hineinzustopfen, die keinen Bezug zur Realität haben und nicht gebraucht werden, wird nicht mehr lange funktionieren. Schule muss sich umstellen und auf eine veränderte Lebenssituation einstellen.

Vor kurzem erzählte mir eine Mutter folgende Geschichte:
Für ihre 14-jährige Tochter und einige Klassenkameradinnen wurde das Thema Essen, Figur und Aussehen äußerst brisant. Diese Mutter wollte rechtzeitig reagieren und bat den Biologie-Professor die Thematik "Magersucht" im Unterricht zu thematisieren. Der Professor erklärte der Mutter, dass dies noch nicht am Plan stünde, diese Thematik wird erst mit 15-16-jährigen besprochen.

Das kann nicht funktionieren. Schule muss sich endlich auf die Bedürfnisse der Gesellschaft und der Kinder einstellen.

Kinder wollen und müssen sich erfahren, spüren und bewegen. Sie brauchen Unterstützung: im Umgang miteinander, im Umgang mit sich selber, Techniken, wie sie sich Wissen aneignen können, herausfinden was für ihr eigenes Leben sinnvoll und brauchbar ist, wie sie dieses anwenden können - um nur einiges zu nennen.

Unsere Lehrpläne werden immer nur erweitert, etwas was für notwendig empfunden wird, wird dazu gefügt.

Unsere Lehrpläne gehören entrümpelt, das was veraltet ist, nicht mehr gebraucht wird, nicht zweckdienlich ist, gehört herausgestrichen, verändert und aktualisiert.

Es ist schwer zu sagen, was das genau ist, weil sich darüber noch fast niemand Gedanken gemacht hat. Man müsste eine Bestandsaufnahme machen:

Was braucht unsere Gesellschaft?

Welche Techniken sind dafür vorhanden?

Was gehört erneuert, verändert, hinzugefügt?

Aufgrund dieser Erkenntnisse muss ein neuer Lehrplan erstellt werden und zwar sehr schnell. Bevor noch mehr Kinder durch Verhaltens- und Befindlichkeitsproblematiken darauf hinweisen müssen. Wir sehen die Verhaltensweisen dieser Kinder als Problem und suchen unzählige Therapien, um sie fähig für ein System zu machen, das es gar nicht mehr gibt. Das ist das große Dilemma an unserer Situation.

Wir müssen hören, was uns diese Kinder mitteilen wollen, fühlen was unsere Kinder brauchen, um anschließend zu denken und zu handeln, um ihnen das zu bieten.

Ein Mensch der sich in seinem Leben wohl fühlt, erkennt wo seine Fähigkeiten liegen, weiß was er will, kann diese umsetzen und danach handeln, spürt sich gut, hat ein Körperbewusstsein entwickelt und handelt aus seiner Mitte heraus.

Wo lernen Kinder diese Werte? Es muss ja nicht gleich Yoga und Tiefenmeditation sein, obwohl ich dagegen nichts einzuwenden hätte. Aber unsere Kinder müssen die Möglichkeit haben, sich täglich angenehm zu spüren, ein Bewusstsein für ihren Körper zu entwickeln und lernen und erfahren, was ihr Verhalten bewirkt. Sie brauchen einen Übungsraum für ein soziales Miteinander, Strategien wie sich welches Verhalten auswirkt, was bei einem persönlich am besten wirkt. Sie müssen lernen, sich ihren Tag zu strukturieren.

Kinder müssen vorerst lernen sich selber wieder wahrzunehmen und zu spüren. Das ist eine Grundvoraussetzung für unser Menschsein. Unsere Lebensweise hat sich verändert, wir stehen auf einer neuen Verarbeitungsstufe. Viele alltägliche Abläufe, die früher automatisch in der Familie gelebt und gelernt wurden, sind aus dem familiären Alltag verschwunden. Nun fehlen sie aber.

Man muss sich selber spüren und erfahren, um seine Mitmenschen wahrnehmen zu können. Entwicklung kann nur durch Erfahrungen mit sich selber, seinen Mitmenschen und der Umwelt passieren. Dies sind Grundvoraussetzungen fürs Leben. Man braucht Wahrnehmung um sich in der Welt orientieren zu können und erst dann ist Lernen möglich. Kann ich mich im eigenen Körper nicht orientieren und wahrnehmen, wo oben, unten, vorne, hinten, rechts und links ist, kann ich auch Mathematik nicht verstehen. Diese Körperwahrnehmung erlerne ich in alltäglichen Situationen, wie kochen, aufräumen, selber anziehen, gehen, hüpfen uvm. Dinge, die immer mehr aus unserm Leben wegrationalisiert werden.

Man braucht Wahrnehmung auch, um in Gemeinschaften gut leben zu können. Es hört sich fast unwirklich an, aber das findet in vielen Familien nicht mehr statt. Es wird nicht mehr miteinander geredet, gespielt, gegessen, Sport gemacht. Jeder sitzt vor seinem Handy, Computer und iPad und vor seinem eigenen Fernseher. Kinder, die keinen eigenen Fernseher im Kinderzimmer haben, zählen schon bald zur Minderheit.

Muss das wirklich sein? Wir wundern uns, dass so viele Kinder Verhaltens-, Lern- und Konzentrationsprobleme haben?

Wir haben für das Wohlbefinden des Menschen wertvolle Dinge wegrationalisiert und unsere Gesellschaft muss nun die Folgen dafür tragen. Ohne schwarzsehen zu wollen, dies hat fatale Folgen.

Bildung muss diese Werte wieder in den Kreislauf des Lebens einschleusen. Das sollte in nächster Zukunft das vorderste Bildungsziel sein.

Wertigkeiten wie Mitmenschlichkeit, Bewegung in der Natur, nachhaltige Zukunftsgestaltung, Orientierung an Erde und Kosmos, Meditation, Umweltschutz müssen vorrangige Bildungsziele in unseren Schulen werden.

Unsere Kinder brauchen Unterweisungen im Gebrauch der sozialen Medien. Ein Elternabend mit einem Experten ist zu wenig. Unsere ganze Gesellschaft gehört geschult und ausgebildet. Welche Möglichkeiten im Bereich sozialer Medien gibt es, was sind die Vor- und Nachteile, wie wirkt es sich auf den Menschen aus, Risiken, Nebenwirkungen, Positives und Negatives. Wir müssen lernen damit umzugehen. Das muss ein Schulfach werden oder noch besser in viele oder alle Unterrichtsgegenstände einfließen.

Schule muss offener und durchlässiger werden. Es braucht mehr Möglichkeiten in kürzeren Zeiten. Schule entscheidet immer nach Schuljahren, Änderungen können meist erst im nächsten Schuljahr gemacht werden. Das ist überholt, wenn man bedenkt wie schnelllebig unsere Zeit durch moderne Techniken geworden ist. Nichts passt mehr zusammen.

Oft braucht es für einen Schüler und seine Gesamtsituation individuelle Lösungen. Kein Kind gleicht dem anderen und ich kann in der heutigen Zeit nicht nach einem Modell, das immer schon gültig war, handeln.

Es gibt Kinder, die den Klassenstoff schon im Februar vollständig erlernt haben und sich bis zum Schulschluss langweilen und einen gewaltigen Lernfrust aufbauen. Warum können diese Schüler nicht an den Themen des nächsten Schuljahres weiterarbeiten oder ihr Wissen durch Projekte vertiefen?

Einige Schüler sind in ihrem letzten Kindergartenjahr oft schlagartig, meist im Februar, schulreif. Warum können sie nicht ab diesem Zeitpunkt in die Schule einsteigen? Bis zum September haben sie gelernt sich zu langweilen und Techniken erlernt zu reagieren, meist durch Unruhe und Unkonzentriertheit.

Andere Kinder bräuchten noch das eine oder andere Monat im Kindergarten und sind oft genau vor oder nach Weihnachten schulreif. Warum dürfen sie nicht noch diese Zeit ausreifen, um anschließend gestärkt die Schule zu beginnen?

Das Schulsystem ist ein sehr starres System, das sich an den Bedürfnissen der Lehrer, Klassenzahlen, Einheitlichkeit, Sicherheit, Überschaubarkeit - orientiert. Das fordert seinen Tribut. Durch diese Strukturen schaffen wir verhaltensauffällige, frustrierte und unkonzentrierte Kinder.

Wann sind wir endlich reif, ein Schulsystem zu schaffen, das es Kindern ermöglicht, sich ihren Bedürfnissen und Begabungen entsprechend zu entwickeln?

Engagierte LehrerInnen fühlen sich nun möglicherweise frustriert und überfordert. Wahrscheinlich haben sie das Gefühl, dass ihre Situation ausweglos ist. Sie wissen genau, dass es keinen Sinn hat darauf zu warten, dass sich vom System her etwas ändert. Da kann ich ihnen nur zustimmen. Große Veränderungen beginnen immer im Kleinen, bei Einzelpersonen. Das Schulsystem können nur Eltern und LehrerInnen ändern, in dem sie ganz einfach, im Kleinen (bei sich selber) beginnen. Eine Person, die aus tiefstem Herzen beginnt die Situation zu verändern, steckt drei weitere an und das Schicksalsrad beginnt sich zu drehen und zu verändern. Ich versuche Eltern und LehrerInnen immer zu ermutigen, ihre Situation – die Schulklasse, die Familie, das eigene kleine System – zu verändern. Das ist der Beginn einer großen Wandlung.

Tipps, um im eigenen kleinen Universum schnell Veränderungen anzubahnen:

- *Motiviere deine Schüler positiv. Gib jedem einzelnen Schüler zumindest 3x täglich ein positives Feedback. Du wirst sehen, nach 21 Tagen hat sich in der Klasse etwas verändert.*
- *Gewöhne dir an, das Leben und Lernen ressourcenorientiert zu sehen. Das heißt: Bevor du deine SchülerInnen negativ beurteilst, beachte was er/sie gut gemacht haben und gut können. Erst anschließend besprich mit ihnen, was sie anders machen können.*
- *Beginne mit deiner Klasse ein tägliches Ritual (siehe Rituale) zu einem Thema, das für eure Klasse wichtig ist: Wahrnehmung, Stille, Konzentration, Gemeinschaft...*
- *Nehmt euch Zeit für den kreativen Unterricht, räume ihm genau so viel Bedeutung ein, wie den kognitiven Fächern.*
- *Erlaubt euch miteinander zu reden, bzw. lernt den Kindern wieder miteinander zu kommunizieren.*
- *Nimm dir Zeit für dich, spüre nach und finde heraus, warum du ursprünglich LehrerIn geworden bist. Finde die Uressenz deiner Entscheidung, wenn sie positiv ist, dann lass sie wieder verstärkt in deinen Unterricht einfließen.*

Wenn sie negativ ist, empfehle ich dir eine Supervision oder Umschulung.

Gestehe dir gegebenenfalls auch zu, dass du dich verändert hast und deine Zeit als LehrerIn abgelaufen ist. Es ist kein Zeichen von Schwäche, sondern von Stärke zu erkennen, dass sich Dinge verändert haben.

EIN NEUES BEWERTUNGSSYSTEM...

Bewertung hat mit Werten zu tun und sollte positiv besetzt sein.

In unserer Gesellschaft ist das leider nicht so. Leistung und Bewertung wird bei uns fast immer mit *können / nicht können, schaffen / scheitern, gewinnen / verlieren* usw. assoziiert.

Fehler sind Geschenke, die uns helfen etwas Neues zu lernen oder etwas zu verändern und kein Qualitätskriterium.

Was ist unserem System der Mensch heute wert?

Die Antwort auf diese Frage könnte schmerzhaft sein. Manchmal scheint es, als haben Menschen keinen Wert mehr. Irgendwo scheinen Wertigkeit und Menschlichkeit in dieser schnelllebigen Entwicklung und Industrialisierung verloren zu gehen. Es geht nur noch um Gewinn, Steigerung, Macht, Geld und Kontrolle. Ist das der Sinn unseres Lebens oder gibt es doch noch andere Qualitäten, die wir aus den Augen verloren haben.

Wenn ich in meiner Praxis versuche zu verstehen, was uns Kinder mit ihrem "störenden" Verhalten sagen wollen, werde ich oft ganz zuversichtlich. Ich bin überzeugt davon, dass sie uns auf diese fehlenden Werte, wie Zeit, Ruhe, Besinnung usw. aufmerksam machen wollen. Hoffentlich verstehen wir sie bald, damit unsere Welt nicht noch einem größeren Chaos entgegensteuert.

Was hat in der Gesellschaft einen Wert? Wie bewerten wir uns? Heutzutage muss alles in eine Norm passen, wir werden in ein Schema hineingepresst und es wird verlangt, dass wir danach funktionieren. Betrachte ich die Menge an Menschen die verschiedenste Therapeuten aufsuchen, weil sie die unterschiedlichsten Probleme haben, die zeigen, dass sie mit ihrem Leben nicht mehr zurechtkommen, habe ich nicht das Gefühl, dass wir auf dem richtigen Weg sind.

Oft hat man das Gefühl unsere Menschheit wird zu lebenden Computern, die auf Knopfdruck funktionieren. Leben diese Menschen noch?

Was ist mit den Menschen außerhalb dieser Normen, die die zu leben scheinen? Haben sie eine Chance die Welt zu verändern? Ich hoffe sehr.

Aber zurück zur Bewertung im Schulsystem. Der Alltag von Familien mit Kindern im schulpflichtigen Alter ist bestimmt von Schule, LehrerInnen, Lernstoff, Prüfungsterminen und Noten.

Unserer Gesellschaft wird vermittelt, dass Bildung sehr wichtig ist, damit Kinder eine Zukunft haben. Viele Eltern versuchen dafür zu sorgen, dass ihre Kinder diese Bildung auch bekommen. In den

Bildungsanstalten herrscht meist ein hoher Druck und es wird viel verlangt. Ein Teufelskreislauf, der uns alle überfordert.

Als ich vor 25 Jahren zu unterrichten begann, gab es zwar schon hyperaktive Kinder, aber sie gehörten der Minderheit an. Heute ist es eine Ausnahme, wenn in einer Klasse kein Kind sitzt, das nicht hyperaktiv ist oder sich nicht konzentrieren kann.

Mich wundert es immer weniger, dass Burnout, ADS, ADHS, Konzentrationsstörungen usw. eine so große Thematik in unserer Gesellschaft sind. Ich bin überzeugt, dass Medikamente und Therapien alleine nicht helfen. Wir müssen umdenken und zu einer neuen Ausrichtung in unserer Lebensweise kommen, damit sich die Situation wieder entschärft.

Bewertung darf nichts mit Angst und Druck zu tun haben. Mein 13-jähriger Sohn erzählte mir von einem Schulkollegen, der bei jedem „Befriedigend“ weint, weil seine Eltern von ihm „Sehr gut“ und „Gut“ verlangen. Ich weiß, sie meinen es gut mit ihm, aber das kann es doch nicht sein. Wie sollen sich SchülerInnen, gerade in der Pubertät, mit solch enormen Druck, positiv entwickeln können?

Ruhe und Freude beim Tun erleichtert auch die Arbeit, die man zu erledigen hat. Nur durch positive Motivation kann sich ein Mensch positiv entwickeln.

Bewertung drückt Anerkennung aus. Kann eine Note - eine Zahl -, die über alles entscheidet, das erreichen?

Eine Professorin aus meinem Bekanntenkreis hat einmal etwas sehr Interessantes gesagt. Sie meinte, dass es für sie oft sehr schwer ist zu benoten und erzählte mir von zwei Schülern. Einer der beiden war sehr gescheit, aber unzuverlässig und uninteressiert. Er lernte wenig und bekam daher, gerechtfertigt gegenüber seinen Leistungen, ein „Genügend“. Der andere tat sich schwer in dem betreffenden Unterrichtsfach, war aber bemüht, strengte sich an und lernte sehr viel. Auch er bekam, gerechtfertigt gegenüber seinen Leistungen, ein „Genügend".

Würden sich beide bei einem Lehrherrn bewerben, würde das Verhalten der Schüler aber einen gewaltigen Unterschied machen. Die Note „Genügend" sagt demzufolge überhaupt nichts aus.

Außerdem hätte jeder Schüler ganz etwas anderes gebraucht als die Note „Genügend". Der erste Schüler hätte Unterstützung im Lernen gebraucht, Ermutigung und Erklärungen. Der zweite Schüler hätte Lob, hilfreiche Lerntechniken und Unterstützung dabei gebraucht.

Unter diesen Gesichtspunkten muss es frustrierend sein für LehrerInnen zu benoten und es zeigt auf, wie weit unser System am Wesentlichen vorbeigeht. Unser Schulsystem basiert auf Druck und Normierung. Schüler werden in ein der Entwicklung hinderliches Schema hineingepresst. Die Menschheit bräuchte aber eine Schule basierend auf Achtung, Wertschätzung und Liebe gegenüber den Mitmenschen und der Erde.

Wir müssen wieder lernen uns gegenseitig zu helfen, zu schätzen und uns zu vernetzen. Wir brauchen echte Menschlichkeit, dann werden sich auch Phänomene wie ADHS, ADS, Konzentrationsstörungen und Verhaltensproblematiken wieder normieren.

Warum werden alle Schüler nach dem gleichen Maßstab beurteilt? Wir sind nicht alle gleich. Warum fragt sich niemand wo die Fähigkeiten und Interessen des Einzelnen liegen?

In unserem Kulturkreis werden Fehler negativ bewertet, man bekommt für Fehler eine schlechte Note. In der Schule lernen wir Angst davor zu haben Fehler zu machen. Viele Menschen prägen diese Erfahrungen das ganze Leben. Dabei können Fehler so hilfreich sein sich im Leben weiter zu entwickeln und zu lernen.

Es bräuchte Klausuren, um die Stärken des Einzelnen herauszufinden und ihn dann entsprechend zu fördern. Jeder Mensch sollte die

Möglichkeit haben, sich seinen Fähigkeiten entsprechend zu spezialisieren. Es braucht Zeit für den Einzelnen, Zeit um zu sich zu finden und bei sich selber anzukommen.

Zeit wird in Zukunft wohl die stärkste und wichtigste Medizin werden und ich wünsche uns allen, dass wir sie finden und leben.

Oft scheint dieser Prozess schwierig, unmöglich und langfristig. Aber meist braucht es nur einen Anfang und etwas Ausdauer.

In der Psychologie spricht man vom Phänomen des hundertsten Affen. Japanische Affen wurden Jahre in freier Wildbahn beobachtet. Diese Affen liebten den Geschmack der rohen Süßkartoffel, fanden die Erde und den Sand, der daran klebte aber unangenehm. Irgendwann begann ein Affe die Süßkartoffel im Salzwasser zu waschen. Wissenschaftler konnten beobachten, dass diese Intervention von immer mehr Affen übernommen wurde. Ab einer gewissen Anzahl begannen alle die Süßkartoffel zu waschen, sogar Affenkolonien auf anderen Inseln und auf dem Festland. Man geht von einem Phänomen aus, das besagt, dass ab einer gewissen Anzahl das neue Bewusstsein auf viele andere ansteckend wirkt.

Das heißt, um das Phänomen „Zeit haben“, wieder ins Bewusstsein der Menschen zu bringen, braucht es nur eine kritische Anzahl von Menschen, die dies tun. Also lasst uns beginnen. Jeder Einzelne ist wichtig!

Wieder mehr Zeit in unserem Leben zu haben heißt, dass sich unser Alltag verändert. Wie müssen unseren Tagesablauf neu strukturieren und Gewohnheiten verändern. Freie Zeit, Zeit um ganz bei sich anzukommen sollte ein fixer Bestandteil unseres Lebens sein.

Freie Zeit gehört in unsere Stundenpläne. Darauf sollte Schule sich ausrichten. Unsere Gesellschaft hat den Überblick verloren. Sinnvolle, gesundheitsförderliche Zeiteinteilung und Lebensplanung gehört wieder gelehrt.

Nimm dir ein paar Minuten und schreibe deinen Tagesablauf ganz genau auf, jede Minute. Du wirst ganz bestimmt viele Minuten finden, die du sinnlos bzw. gesundheitsschädigend verbringst. Alleine die Zeit, die wir im Internet verbringen, würde uns, wenn wir sie reduzieren, viel Freiraum schaffen.

Zeit schafft wieder mehr Anerkennung und Aufmerksamkeit. Aufmerksamkeit ist Konzentration und vermissen wir nicht gerade das an unseren Kindern? Liest du nicht aus genau diesem Grund dieses Buch?

Es ist nicht zu wenig Zeit, die wir haben,

sondern es ist zu viel Zeit, die wir nicht nutzen.

(Lucius Annaeus Seneca)

Ich wünsche jedem Familiensystem, jeder Schule sinnvoll genutzte Zeit. Ein Wunsch alleine kann aber nicht so viel bewirken. Es braucht engagierte, motivierte Eltern und LehrerInnen, die das Phänomen „Zeit“ wieder ins Bewusstsein der Menschheit bringen.

KONZENTRATION UND INNERE WERTE

Eine wahre Begebenheit:

Du bist eine Kinder-Mut-Macherin

Lange Zeit wusste ich nicht genau, was ich antworten soll, wenn man mich fragte, was ich für einen Beruf habe. Obwohl meine Praxis schon gut lief, mir die Familien vertrauten, ich ein Studium und mehrere Ausbildungen abgeschlossen hatte, kam es mir immer eigenartig und nicht ganz richtig vor, wenn ich in etwa so antwortete:

Ich bin Sonder- und Heilpädagogin sowie Mototherapeutin und arbeite in eigener Praxis mit Kindern mit Lern- und Verhaltensthematiken und deren Familien.

Ja, es stimmt schon, genauso ist es. Aber irgendetwas fehlte mir. Es steckte viel mehr dahinter. Das klang alles so theoretisch, aus dem Herzen war das nicht gesprochen, hier antwortete der Verstand.

Das änderte sich eines Tages, als ein Junge mit seiner Mutter zu mir in die Praxis kam. Es war ein ganz besonderer Junge, man konnte seine Zartheit und seine feine Seele sofort erkennen. Diese feine Seele hat mein Inneres sofort berührt.

Seine Mutter erzählte mir, dass er unsicher war, ob er zu mir kommen sollte. Er wollte wissen, was bei mir passiert. Seine Mutter versuchte ihm, so gut es ging, eine Erklärung zu geben. Am nächsten Morgen stand er auf und sagte zu seiner Mutter: "Ich habe nachgedacht. Ich weiß jetzt, was diese Frau ist. Sie ist eine Kindermutmacherin. Da gehe ich hin."

Das war es. Dieser Junge hat meine Berufsbezeichnung erkannt und ihr einen Namen gegeben.

Eine Kinder- und Familienmutmacherin, das will ich sein.

Ich erzählte diesem Jungen meine Geschichte und warum ich diesen Beruf gewählt habe.

Meine Volksschulzeit war eine sehr schwierige Zeit. Ich hatte eine sehr strenge Lehrerin, die nicht nur von mir gefürchtet war. Eines Tages, ich weiß noch genau, dass ich die dritte Klasse besuchte, war es wieder einmal unerträglich. Unsere Lehrerin schimpfte und schrie mit uns, lernen und konzentrieren war in dieser Situation nicht mehr möglich. Ich schaute aus dem Fenster und beschloss, später einmal Kindern zu helfen, denen es ähnlich geht wie mir.

"Ich bin jetzt auch in der dritten Klasse. Gestern, als mir meine Mama von dir erzählt hat, habe ich beschlossen, dass ich nun doch nicht Rechtsanwalt werde, sondern Kinder-Mut-Macher."

(Wir haben geklärt, dass auch unter Rechtsanwälten Kinder-Mut-Macher gebraucht werden.)

Dies ist eine der vielen berührenden Situationen, die ich in meinem Beruf erlebe. Ich bin diesen wundervollen Kinderseelen unendlich dankbar, dass ich sie ein Stück des Weges begleiten darf. Hoffentlich kann ich ihnen und ihren Familien Mut machen und ihnen ein Wegweiser im Dickicht des Dschungelalltags sein.

Das Leben bringt uns Höhen und Tiefen, wir werden aus dem Zentrum geschleudert, wissen oft nicht mehr, wo wir sind, können uns schwer orientieren und müssen daraus wieder den Weg in unsere Mitte finden. Leben in einer Familie und Erziehung heißt sich den Strömungen des Lebens hinzugeben, sie in Liebe anzunehmen.

Genau darum geht es in diesem Kapitel. Wenn innere Werte wieder verstärkt in unser Leben integriert und gelebt werden, fällt es uns leichter, uns dem Strom des Lebens und dem Fließen der Konzentration hinzugeben.

SELBSTÄNDIGKEIT

Selbständigkeit ist wichtig, um unsere Kinder aufs Leben vorzubereiten. Mein Mann durfte schon früh selbständig werden. Beide Eltern arbeiteten und für ihn war es selbstverständlich sich selber im Bedarfsfall zu kochen oder seine Wäsche zu waschen. Er erzählt gerne folgende Geschichte: Als er mit 18 Jahren zum Studium nach Wien kam, gründete er mit einigen Freunden eine Wohngemeinschaft. Da es für ihn selbstverständlich war, für sich alleine sorgen zu können, war er sehr erstaunt, wie wenig seine Freunde auf das Leben vorbereitet waren. Zwei Wohnungskollegen wollten sich eine Dose Ravioli aufwärmen. Da sie damit noch nie konfrontiert waren, machten sie dies nach Erklärung auf der Dose, die hieß "Im Wasserbad erwärmen." Das Ergebnis der ersten Kochversuche war eine mit Tomatensauce bespritzte Küchenwand. Die Burschen hatten die Dose erwärmt und sie erst anschließend geöffnet. Nicht nur das Elternhaus, auch der Physiklehrer hat sie wohl nicht ausreichend auf das Leben vorbereitet.

Aufs Leben vorzubereiten, ist eines der wertvollsten Geschenke, das wir unseren Kindern auf ihren Weg mitgeben können. Wir helfen ihnen dadurch den Alltag leichter zu bewältigen und sie können sich besser, ihren Fähigkeiten entsprechend, entwickeln.

Wie sollen sich unsere Kinder in der Schule konzentrieren können, wenn sie nie gelernt haben, alltägliche Abläufe alleine durchzuführen. Auf einmal kommt der große Tag, die Schule beginnt. Für viele Schüler ist das Energiepotenzial für Konzentration beim Betreten der Klasse aufgebraucht, weil alles dafür aufging, sich selbständig auszuziehen und in die Klasse zu kommen.

Erziehung zur Selbständigkeit beginnt schon sehr früh. Kinder wollen Dinge alleine tun, haben Freude daran sich am Alltag aktiv zu beteiligen. Wenn man Kinder einbezieht und ihnen viele Erfahrungen alleine zumutet, braucht das Zeit. Viele Eltern wollen sich diese Zeit nicht nehmen, übernehmen Aufgaben, damit alles schneller geht. Andere wiederum glauben besonders liebevolle Eltern zu sein, wenn sie ihren Kindern alles abnehmen. Aber das ist ein Irrglaube. Genau hier beginnen wir unseren Kindern Erfahrungen zu nehmen, die für die Entwicklung von Konzentration entscheidend sind.

Viele Leserinnen fragen sich nun bestimmt: "Wann soll ein Kind was selbständig tun?" Es gibt zahlreiche Bücher mit vielen Listen und Aufstellungen in welchem Alter ein Kind was können sollte. Ich finde man sollte auf sein Bauchgefühl hören, auf eine ganz natürliche Art und Weise spüren, wann es Zeit ist zu helfen und wann loszulassen. Jede Familie hat ihr eigenes Tempo. Es sollte eine natürliche Balance zwischen Hilfe und Eigenständigkeit bestehen.

Früher waren Kinder nicht so behütet wie heute, so heißt es. Mein Mann fragt mich oft, wenn ich mit unseren Kindern lerne: "Warum müssen heutzutage Eltern mit ihren Kindern zu Hause lernen? Mit uns hat das auch keiner gemacht."

Vielleicht weil es nicht so viele Gefahren und Anforderungen in der guten alten Zeit gab. Viele technische Hilfsmittel waren noch nicht erfunden und man musste zusammenhelfen, auch Kinder wurden dabei einbezogen. Spiele waren anders, nicht vorgefertigt. Kinder mussten aktiv spielen, eigene Ideen waren gefragt.

Ich will frühere Zeiten nicht favorisieren, es gab auch genug Negatives. Aber wir sollten uns die nützlichen Dinge mitnehmen und wieder aufleben lassen.

Heute ist oft das Gegenteil der Fall. Viele Kinder sind überbehütet. In Fachkreisen spricht man in diesem Fall von Helikoptereltern. Eltern, die wie ein Hubschrauber nahezu ständig um das Kind kreisen und es bewachen. Diese Kinder haben wenige Möglichkeiten selbständig Erfahrungen zu machen. Dafür braucht es Auszeiten von den Eltern.

Aber auch sogenannte wohlstandsverwahrloste Kinder kennzeichnen unsere Zeit. Kinder, die zwar vieles haben, aber Aufmerksamkeit, Zuwendung und Liebe von Seiten der Eltern vermissen.

Ob so oder so, wir sind aus dem Gleichgewicht gekommen. Die Lösung kann nur sein, wieder die richtige Balance zu finden.

Kinder haben das Recht auf Zuwendung und Liebe, ebenso auf Selbständigkeit und eigene Erfahrungen. Es geht wie immer - ich wiederhole mich - um die richtige Balance.

SELBSTWERT

Was bin ich mir selbst wert? Wie bewerte ich mich selbst in Bezug auf Persönlichkeit, Leistungen und Fähigkeiten?

Ein positiver Selbstwert, sich selbst seiner Werte bewusst zu sein, ist eine wichtige Voraussetzung, damit sich ein Mensch konzentrieren und sich mit Erfolg seinen Aufgaben und Herausforderungen widmen kann. Ein gesunder, positiver Selbstwert hilft uns unsere Ziele besser und leichter zu erreichen. Würden alle Menschen einen positiven Selbstwert besitzen, könnten wir uns viele Probleme im Leben ersparen oder uns zumindest das Leben um einiges erleichtern.

Konzentrationsmangel kann auch in einem negativen Selbstwert begründet sein. Kinder die kein gutes Selbstbild haben und nicht an den eigenen Erfolg glauben, wird es auch viel schwerer fallen, sich konzentriert einer Aufgabe mit Erfolg zu widmen.

Hier stellt sich natürlich die Frage, wie und ob dem Kind Selbstwert vermittelt wurde. Selbstbewusstsein muss vermittelt werden, vor allem von den Eltern. Daher ist es wichtig, Kindern immer wieder - täglich - vor Augen zu führen, was sie alles geschafft haben.

Wichtig ist, die Kinder zu ermutigen. Das regt an, neue Erfahrungen zu machen. Zum Lernen gehören auch Misserfolge und Frustration, diese ermutigen ebenfalls weiter zu machen und bringen neue Ideen.

Ich glaube hier scheitern viele Kinder und bekommen fälschlicherweise Konzentrationsmangel oder Konzentrationsstörungen diagnostiziert. Ganz oft haben Kinder nicht gelernt Misserfolge und Frustration anzunehmen, auszuhalten und darüber hinwegzuarbeiten. Viele Konzentrationsprobleme wären behoben, wenn Kinder lernen mit Misserfolg umzugehen. Wir müssen Misserfolg anders sehen, als wir das bisher getan haben. In unserer Zeit soll immer alles leicht gehen, Spaß machen und unkompliziert sein. Nur funktioniert das leider so nicht. Misserfolge und Frustration können positive Motivationsfaktoren sein. Einige Pädagogen sind der Meinung, dass man überhaupt nur aus Fehlern nachhaltig lernen kann. Ich glaube zwar, dass man auch über Erfolg lernen kann, aber eben nicht nur.

Der Entwickler des Dyson Staubsaugers ließ sich nicht abhalten. Ich las einmal ein Interview von ihm. Er erzählte, dass es unzählige Versuche brauchte, bis er den Zyklon Staubsauger als fertiges Modell auf den Markt bringen konnte. Viele Stunden verbrachte er in seiner Scheune und experimentierte. Seine Freunde bezeichneten ihn schon als Spinner. Er hat sich davon nicht beirren lassen und weitergemacht. Heute ist er kein Spinner mehr. Falls doch, dann zumindest ein sehr erfolgreicher.

Wenn wir wollen, dass sich unsere Kinder konzentrieren können, dann sollten wir Interesse an ihrem Tun zeigen und sie ermutigen, Dinge immer wieder zu tun und zu probieren.

Es gibt natürlich auch Menschen, die ihren Selbstwert überschätzen und dadurch sich und andere überfordern und übergehen.

Ein gesunder, positiver Selbstwert heißt, Situationen richtig einschätzen können und adäquat handeln. Menschen mit einem gesunden Selbstwert kennen ihre eigenen Ziele, können sie verfolgen und erreichen, ohne andere dabei zu schädigen. Sie erkennen den Wert von sich selbst und ihren Mitmenschen.

Dies kann nur sein, wenn ihnen Selbstwert auch richtig vermittelt wurde. Äußere Erfahrungen können den Selbstwert und somit die weitere Laufbahn entscheidend prägen.

Schlechte Erfahrungen, wie Angst, (Zeit)druck, hohe Erwartungen wirken sich meist negativ aus. Einige Kinder können kompensieren. Es stellt sich nur die Frage: "Wie lange?" Andere Kinder verzweifeln sehr schnell und reagieren auf die Situation, oft mit Konzentrationsstörungen. Nicht immer sind Eltern schuld, auch unsere Gesellschaft übt einen enormen Druck aus.

Aber bekanntlich fängt Friede zu Hause an. Beginnen wir doch bei unseren eigenen Kindern Erwartungen zurück zu schrauben, Ängste abzubauen und somit Stress und Druck erst gar keine Chance zu geben.

Selbstwert heißt nicht die (unerfüllten) Wünsche und Sehnsüchte der Eltern zu erfüllen. Kinder müssen ihre eigenen Aufgaben finden, ihren eigenen Wert leben. Ich bin überzeugt davon, dass jeder Mensch der auf diese Welt kommt seine ganz eigene Bestimmung hat und diese leben soll. Die wichtigste Aufgabe von Eltern und Pädagogen sollte sein, diese Bestimmung bei jedem Kind zu finden oder zumindest zu erahnen und es in diese Richtung zu lenken und zu leiten.

Wie viele Profifußballer und Eiskunstläuferinnen sitzen in meiner Praxis, machen in der Schule Probleme und können sich nicht konzentrieren. Warum? Weil sie keine Profifußballer und Eiskunstläuferinnen sind. Sie sind Geschichtenerzähler, Malerinnen, Ärztinnen, Verkäufer - was auch immer. Alles ist gut, nur nicht das was die Eltern einmal werden wollten.

Spürt in eure Kinder hinein und lasst sie das werden, wozu sie auf die Welt gekommen sind.

FREUDE

Damit ich mich konzentrieren kann, muss ich mich für eine Sache begeistern können. Sich für eine Sache einzusetzen und ganz dabei aufzugehen sind die Vorboten der Konzentration.

Ich glaube, das ist das größte Vergehen, das wir bei der Erziehung unserer Kinder heutzutage machen. In unserer Wegwerf- und Überflussgesellschaft nehmen wir ihnen genau diese Freude.

Nichts hat mehr einen Wert, alles wird sofort ermöglicht und ausgetauscht. Mir wurde von einem Jungen berichtet, der in mehreren Schulen für sein Verhalten bekannt ist. Er bekam von seinen Eltern das neueste i-Phone. Obwohl es ihm verboten war, nahm er es bei einer Radfahrt mit und verlor es. Was glauben sie war die Konsequenz? Leider ja, er bekam das i-Phone ersetzt. Zahlt ja ohnehin die Versicherung. Bei so teuren technischen Geräten macht eine Versicherung selbstverständlich Sinn. Aber macht es auch Sinn diesem Jungen sofort ein neues Handy zu geben? Wäre der Lerneffekt nicht größer gewesen, wenn er eine Weile ohne Handy auskommen hätte müssen?

Alles wird sofort ersetzt, Kinder bekommen heutzutage nahezu alles. Sie können sich auf nichts mehr freuen. Vorfreude ist bekanntlich die größte Freude - viele unserer Kinder und Jugendlichen kennen dieses Gefühl nicht mehr. Außerdem ist auf etwas Warten eine ausgezeichnete Konzentrationsübung. Warum? Während der Vorfreude, des Wartens stellt man sich den gewünschten Gegenstand vor, man denkt nach, was er alles kann und was man mit ihm machen kann - man konzentriert sich darauf. Wenn Kinder lernen auf etwas zu warten, lernen sie sich auf etwas zu freuen und das ist eine großartige Erfahrung. Ist es nicht selbstverständlich alles zu bekommen, dann sind die Dinge etwas Besonderes, man passt besser darauf auf und ist mehr bei der Sache. Wer nicht alles bekommt, beschäftigt sich mit weniger intensiver. Womit wir wieder bei der Konzentration angelangt sind.

Kinder sind in unserer Überflussgesellschaft überfordert. Sehr früh haben sie gelernt zu konsumieren. Wir müssen ihnen wieder lernen inne zu halten. Kinder sollen und müssen erfahren wie schön es ist, Spaß und Freude an Dingen und Ereignissen zu haben. Etwas voll und ganz erfahren kann ich nur, wenn ich länger dabei verweile.

Innere Freude ist ein Geschenk. Dazu brauche ich Dankbarkeit und ein offenes Herz um zu erkennen, wieviel Gutes und Schönes mich umgibt.

Nimm dein Kind an die Hand und bleibe stehen. Halte inne und betrachte die Natur, die Welt - nimm sie wahr so wie sie ist, ohne Konsum, ohne allem. Du wirst dich über die leuchtenden Kinderaugen freuen.

LIEBE

Damit sich ein Mensch konzentrieren kann und um etwas zu gestalten braucht es Liebe. Nur durch dieses Gefühl, das Rückhalt, Geborgenheit, Vertrauen und Zuversicht gibt, kann man sich auf etwas einlassen.

Ich erlebe viele Eltern, die ihrem Kind genau diese Werte vermitteln möchten. Sie sind auch mit ganzem Herzen dabei. Leider passiert es sehr oft, dass Liebe zu einem Gefängnis wird. Zu einer erdrückenden Über-Liebe, die Konzentration wiederum unmöglich macht.

Konzentration braucht das richtige Maß an Liebe. Kinder brauchen Sicherheit und müssen spüren, dass Eltern und Pädagogen für sie da sind. Aber sie brauchen auch ein Gefühl der Freiheit. Sie müssen spüren, dass ihre Bezugspersonen an sie glauben und ihnen vertrauen, dass sie manches ganz alleine schaffen.

Maria Montessori hat das schon vor vielen Jahren mit dem Satz "Hilf mir es selbst zu tun!" ausgedrückt. Unsere Kinder sollten von uns täglich Folgendes hören: "Ich weiß, dass du es kannst. Wenn du mich brauchst, dann bin ich für dich da."

Leider hat der Großteil der Menschheit die Aussage von Maria Montessori noch nicht richtig verstanden. Sie ließ den Kindern viel Freiheit, aber sie war auch sehr strukturiert. Kinder brauchen genau das richtige Verhältnis von Freiheit und Struktur.

Oft übertragen Eltern ihre verletzten, nicht aufgearbeiteten Gefühle auf ihre Kinder, indem sie sie besonders schützen wollen. Sie versuchen ihre Verletzungen durch übertriebene Liebe zu kompensieren. Das funktioniert leider nie.

Kinder wollen und können nicht das heilen, was in den Eltern noch an Verletzungen steckt. Eltern müssen sich selber mit ihren Verletzungen auseinandersetzen, damit sie dann - befreit und in Liebe auf ihre Kinder zugehen können.

Andere Eltern wiederum flüchten vor ihren schmerzhaften Gefühlen und letztlich vor sich selbst und können Liebe auch nicht an ihre Kinder weitergeben. Ob so oder so, Eltern haben die Verpflichtung sich mit ihren eigenen Verletzungen auseinander zu setzen. Darum braucht es reflektierte Eltern.

Ohne Liebe kein Leben. Wenn nicht wieder Gefühle wie Liebe, Dankbarkeit, Demut in unsere Herzen einkehren, wird sich unsere Menschheit selber zerstören.

In der Liebe kann ich mich auf einen anderen Menschen einlassen, mich auf ihn konzentrieren. Verstehst du, was ich meine?

ERDUNG

Wenn ich Kinder in meiner Praxis, auf der Straße oder am Spielplatz beobachte, fällt mir auf, dass viele einen sehr eigenartigen Gang haben. Sie schleichen durch die Welt. Das wirkt auf mich sehr unsicher, als würden diese Kinder nicht wissen, wo ihr Platz hier auf Erden ist. Andere wiederum trampeln durch die Welt, rempeln andere an und erwecken den Anschein die Umwelt überhaupt nicht wahrzunehmen.

Um sich konzentrieren zu können, um die an uns gestellten Aufgaben hier auf dieser Welt vollbringen zu können, braucht es Erdung.

Ein guter Stand, eine gute Ausrichtung ist wichtig, damit wir genug Aufrichtung aufbringen können. Durch die Aufrichtung unseres Körpers hat sich im Gehirn der präfontale Cortex entwickelt. In diesem Gehirnareal befinden sich viele kognitive Leistungen sowie Gedächtnisleistungen.

Warum schweben so viele Kinder eher durch die Welt, als dass sie sicheren Schrittes über unsere Erde wandeln?

1) Wir leben in einer sehr stressigen Welt.

Unser Tag, unsere Woche unser Monat ist eingeteilt, voll vom ersten bis zum letzten Tag im Monat.

Wenn mein Mann und ich uns mit Freunden verabreden wollen, dauert das oft einen oder zwei Monate bis wir einen Termin finden und ich denke, da sind wir keine Einzelfälle.

Wir sind zugepflastert mit Arbeit, Freizeit, Aktivität. Uns bleibt keine oder nur wenig freie Zeit, Zeit des Nichts, über die wir frei verfügen können oder nichts tun.

Ab März bekomme ich viele Anrufe von verzweifelten Eltern, weil ihre Kinder noch nicht schulreif sind. Seit Einführung des "verpflichteten Kindergartenjahres" bekomme ich auch viele Anrufe von Eltern deren Kinder drei oder vier Jahre sind, weil die Stifthaltung des Kindes noch nicht passt, sie sich nicht lange auf eine Sache konzentrieren können und dergleichen. Die Latte liegt hoch in unserer Leistungsgesellschaft. Ich frage mich immer öfter: "Wann dürfen unsere Kinder noch Kinder sein?" Unsere Kinder werden geboren, diagnostiziert, therapiert und gefördert.

Auch ich bin der Meinung, dass sich nicht alles "noch auswächst". Bestimmte Defizite, Traumata oder Entwicklungsuneinigkeiten gehören unterstützt. Aber nicht so viel. Man muss Kindern wieder die Möglichkeit geben sich ganz natürlich zu entwickeln, zu leben, zu sein. Verschiedene Dinge auszuprobieren, durch Versuch und Irrtum zu erfahren hat einen unglaublich hohen therapeutischen und pädagogischen Wert, der in unserer Gesellschaft immer mehr verloren geht, wenn nicht schon zum Großteil verloren gegangen ist.

Die moderne Gesellschaft von heute bietet eine Vielzahl an Angeboten, wir können uns nonstop berieseln lassen, keinem Menschen muss mehr langweilig sein. Das ist durchaus gut für die Wirtschaft. Aber ist es auch gut für uns?

Ein Professor hat in einem Seminar einmal zu uns gesagt: "Ein richtig erholsamer Urlaub ist dann erholsam, wenn man sich auch gelangweilt hat." Heute verstehe ich sehr gut, was er damit meinte.

Unser Hirn braucht Auszeiten und Leere, damit es sich wieder erholen und neu organisieren kann. Ohne diese Auszeiten können wir diesen wichtigen Prozess nicht durchlaufen und uns immer weniger konzentrieren.

Auch unsere Kinder sind in diesen "modernen Allzeitbeschäftigt-Boom" eingebunden. Sie sind "ausgebucht": Schule, Nachhilfe, Spezialförderung, Therapie, Hort, Sport, Musik uvm.

Es ist genug, es ist zu viel. Wenn wir wollen, dass sich unsere Kinder wieder konzentrieren können und sich wohl fühlen, dann ist es an der Zeit aufzuräumen, auszumisten.

Kinder sind in allen Bereichen des Lebens überfordert. Familien leben nicht mehr, sie stressen nur noch durchs Leben. Wenn ich diese Thematik in meiner Praxis anspreche, bekomme ich oft die Antwort: "Aber wir sind so bewusst, bei uns ist das anders!" Ich muss dann immer schmunzeln und erinnere mich an die Terminvereinbarung ein paar Wochen vorher, bei der es sehr schwer war einen Termin zu vereinbaren, weil an fast jedem Nachmittag irgendeine Veranstaltung ist. Oder ich denke daran wie abgehetzt die Mutter noch 20 Minuten vorher meine Praxis betreten hat.

Um sich konzentrieren zu können, brauchen Kinder zu allererst "Entstressung", Ruhe und freie Zeit. Sie müssen wieder lernen sich zu langweilen, Zeiten zu erleben, in denen sie nicht berieselt werden und das Gehirn frei werden kann.

In allen Bereichen gilt: WENIGER IST MEHR! Ob beim Essen, bei der Menüauswahl, im Kleiderschrank, im Spielzeugschrank, bei der Freizeitgestaltung, es gehört in jedem Bereich reduziert.

2) Wir leben in einer unwirklichen, virtuellen Welt.

Unsere Welt ist nicht mehr real. Das, was uns in den Medien präsentiert wird, hat nichts mehr mit dem wirklichen Leben zu tun.

Computerspiele und TV-Sendungen spielen uns eine unwirkliche Welt vor, die nichts mit unserem Alltag zu tun hat. Da heutzutage viele Kinder viel Zeit damit verbringen, verlieren sie ihre Erdung und ihre reelle Wahrnehmung. Es darf uns nicht wundern, wenn Kinder und Jugendliche im Alltag nicht mehr zurechtkommen und Gewalt, Mobbing, Schulverweigerung und Leistungsverweigerung immer mehr werden.

Unsere Welt ist eine unreale Welt geworden. Wollen wir wissen, ob Vollmond ist, schauen wir im Internet nach anstatt in den Himmel zu blicken. Viele Menschen wissen nicht mehr, wie man Gemüse anbaut und Speisen daraus zubereitet. Als mein Sohn aus Amerika zurückkam, hat er mir erzählt, dass die Familie, bei der er wohnte, eine große Küche mit einem riesigen Herd hatte, aber kein Geschirr. Der Ofen diente nicht zum Kochen, sondern zum Aufwärmen von Fertiggerichten und gegessen wurde mit Wegwerfgeschirr.

Sehr viele Menschen hinterfragen Dinge und Ereignisse nicht mehr, sie orientieren sich an dem, was Wirtschaft und Werbung vorgeben. Diese wiederum sind nicht an Menschlichkeit interessiert, sondern am Gewinn.

Menschen konsumieren was ihnen nicht gut tut, nur um dabei zu sein. Oft scheint es wie ein Zwang, wer nicht mitmacht ist nicht dabei. Für Eltern, die bei dieser Entwicklung nicht mitmachen wollen, kann das zu Problemen führen. Heutzutage sind Kinder, die nicht mit allen technischen Hilfsmitteln ausgestattet sind, oft Außenseiter. Man ist gesellschaftlichen Zwängen unterworfen, ob man will oder nicht.

Momentan haben Handys und Computer den größten Einfluss. Sie erleichtern ganz bestimmt unser Leben, prägen es aber entscheidend und zum Teil verschlechtern sie es auch.

Aber auch Umweltbelastungen durch Landwirtschaft, Industrie, Innenraumbelastungen sowie Belastungen durch Straßenverkehr sind nicht zu vernachlässigen.

All dies verursacht Stress im menschlichen Organismus, der sich in vielen Varianten auswirkt. Bei unseren Kindern scheint dies vor allem in den Bereichen Verhalten und Konzentration ihre Auswirkungen zu haben.

Vieles können wir nicht verändern, zumindest nicht sofort. Aber wir können unser Leben so gestalten, damit sich die Dinge wieder in eine positive Richtung entwickeln können.

Ich möchte hier nur einige Anregungen als Anstoß geben, um dann deiner Fantasie, deinem kreativen Potential die Möglichkeit zu geben sich zu entfalten.

- Handy und Computer für Kinder und sich selber dosiert einsetzen. Fragen, die dabei nützlich sein können:

  Wieviel Zeit tut meinem Kind, mir wirklich gut?

  Brauchen Volksschulkinder wirklich schon ein Handy?

  Wo wird das Handy in den handyfreien Zeiten aufbewahrt?

- Wieder öfter mit dem Rad fahren.
- Bewusste, naturbelassene Ernährung ausprobieren.
- Freizeitgestaltung ohne große Aktivitäten. Die Natur, so wie sie ist, genießen.

Vielleicht denkst du jetzt: Was soll das schon verändern?

Ein einzelner Mensch kann wahrscheinlich sehr wenig verändern. Beginnen aber mehrere Menschen ihr Leben zu verändern, dann kann daraus sehr viel entstehen.

Ich habe einmal gelesen, wenn 10 Prozent der Bevölkerung 1ha Land bewirtschaften würden, dann hätten alle Menschen genug zu essen. Diesen Gedanken finde ich sehr schön. Wenn 10 Prozent der Eltern wieder bewusster zu leben beginnen, dann müsste das doch genauso große Veränderungen hervorrufen.

Mittlerweile sind wir an einem Punkt angelangt, an dem es nötig wird, Kindern zu lernen wie wir miteinander umzugehen haben. Diese sozialen Aspekte sollten im häuslichen Umfeld gelernt werden, was immer weniger passiert. Nicht nur weil Eltern sozial nicht fähig sind und nicht können oder wollen. Diese gibt es auch und brauchen Unterstützung, wobei dies ein eher geringer Teil ist. Immer mehr Eltern versäumen es ihren Kindern soziale Umgangsformen zu lehren, weil sie keine Zeit mehr haben und nicht mehr können. Sie sind eingebunden in ein stressiges und überforderndes Alltagsleben, bei dem keine Zeit und Energie mehr bleibt, mit Kindern auf einer zwischenmenschlichen Ebene zu leben und zu arbeiten. Ja, es ist Arbeit und nicht immer lustig, aber es ist befriedigend, zielführend und absolut notwendig. Wenn man sich für seine Kinder ganz bewusst Zeit nimmt und aus dem Alltagsstress aussteigt, sich wieder begegnet, dann sieht bzw. spürt man den Erfolg möglicherweise nicht unmittelbar. Oft dauert es eine gewisse Zeit, bis eine Wirkung eintritt, aber es ist nachhaltig und anhaltend.

Dies ist der einzig sinnvolle Weg um konzentrationsfähig zu werden und um auf Dauer Kindern in ihrem Leben zu helfen.

Kinder gehören in die Natur, müssen sich in einer natürlichen Umgebung bewegen können, sollen ihre Schultasche selber tragen, bei Alltagstätigkeiten mithelfen uvm. (Ich weiß, ich wiederhole mich!) Es wäre so einfach, ist aber gleichzeitig so in Vergessenheit geraten.

Wenn man unsere momentane wirtschaftliche und gesellschaftliche Situation ganz logisch betrachtet, gibt es nur einen Ausweg. Wir müssen uns wieder auf Wesentliches besinnen.

3. Wir leben in einer belasteten Welt.

Umwelt, Ernährung, Strahlungen - in vielen Bereichen unseres Lebens sind wir Belastungen ausgesetzt. Wir können uns dem nicht entziehen, aber wir können lernen damit zu leben.

Möglichkeiten dafür gibt es viele:

- Reduzieren: Handy weglegen, weniger Computer spielen, weniger Fernsehen...
- umweltfreundliche Lebensweise: biologische Lebensmittel und Kleider kaufen, mehr mit dem Rad fahren...
- Ernährung: ausgewogene Ernährung, frisch zubereitete Nahrung, in Ruhe essen, Nahrungsergänzungsmittel
- Mitmenschlichkeit: miteinander sprechen, spielen, gemeinsam etwas unternehmen, jemandem helfen

Zu dieser Thematik gibt es eine Vielzahl von Büchern, darum werde ich hier nicht näher darauf eingehen. Aber auch diese Belastungen beeinflussen die Konzentration.

Wichtig wäre ein Mittelmaß zu finden, um nicht Gefahr zu laufen wieder in ein Extrem zu verfallen. Bewusst zu leben und entlasten soll keinen Stress bedeuten, sondern Spaß machen und angenehm sein.

Unsere Welt ist aber nicht nur von oben genannten Faktoren belastet, sondern auch von Krieg und Ausbeutung.

Momentan formieren wir uns gerade neu. Die große Flüchtlingswelle bewirkt, dass wir uns wieder besinnen müssen, zu anderen und so auch zu uns selber zu finden.

Ich sehe an dieser Entwicklung eine große Chance zu mehr Menschlichkeit, zu einem neuen Miteinander, den anderen und mich selber wieder neu zu spüren und wahrzunehmen. Und genau das ist Konzentration!

Konzentration heißt, mich und meine Bedürfnisse spüren, annehmen und darauf reagieren.

Konzentration heißt, den anderen und seine Bedürfnisse spüren, annehmen und darauf reagieren.

Konzentration heißt, ein gesundes Miteinander, mit mir selber, meinen Mitmenschen und meiner Umwelt.

Lernen passiert dann ganz von selbst.

Wenn jeder Mensch sich, seine Mitmenschen und seine Umwelt wahrnehmen kann und in Einheit damit lebt, dann findet er auch ganz von selbst zu seiner Bestimmung in diesem Leben.

Vielleicht beruhen viele Konzentrationsstörungen auch darauf, dass das betroffene Kind nicht seine Bestimmung leben kann. Ursachen dafür gibt es viele: Umgebungsstress, Ablenkung, aber vor allem der große Druck der Gesellschaft. Aus jedem Kind muss etwas Besonderes werden. Lehrer und/oder Eltern wollen nur das Beste für die Kinder. Leistung scheint hier das einzige Mittel zum Zweck zu sein. Leistung von Geburt an, damit man sich später etwas leisten kann.

Sehr oft wird dabei vergessen, dass das Beste oft nicht das Richtige für das Kind ist. Ich kann sehr gut verstehen und finde es auch eine sehr intelligente und eindrucksvolle Reaktion von diesen Kindern mit Konzentrationsstörungen, Verhaltens- und Lernproblematiken darauf zu reagieren.

Leistung kann ein guter und gesunder Motivationsfaktor sein, der Menschen zufrieden macht und mithilft, sich psychisch und physisch wohl zu fühlen. Leider ist aus Leistung Leistungsdruck geworden, der sich auf die Bevölkerung negativ auswirkt. Burnout ist die Volkskrankheit schlechthin geworden und schon Kinder im Kindergarten- und Volksschulalter reagieren mit Symptomen, die auf Überforderung schließen lassen.

Wenn wir wollen, dass sich unsere Kinder wohl fühlen, gerne lernen und leben, ihren Weg finden und gehen und sich schlussendlich konzentrieren können, dann müssen wir endlich aufhören so viel von ihnen zu fordern. Das Zentralnervensystem unserer Kinder ist überlastet. Wenn sie ein Kind haben, das sich nicht konzentrieren kann, dann beginnen sie ihm weniger zu bieten. Weniger an Geschenken, verschiedenen Nahrungsmitteln, Freizeitbeschäftigung, Erwartungen, Druck, Input.

Dafür geben sie ihrem Kind mehr Zeit, Qualität, Ruhe, Gelassenheit und Liebe. Nur so können Kinder wieder lernen sich zu konzentrieren. Eine gute Konzentration ist Ausdruck von Wohlbefinden, in der Mitte sein und seine eigene Bestimmung zu leben. Dazu sind wir schließlich auf diese Welt gekommen.

Diese höhere Macht, die uns erschaffen hat und uns am Leben erhält, will nicht, dass wir durch die Welt hetzen, uns auf allen Ebenen vollstopfen und wie Zombies benehmen.

Diese höhere Macht will, dass wir uns selbst, unsere Mitmenschen und diese Erde lieben und dementsprechend behandeln. Wenn wir in dieser Liebe, in diesem Eins sein leben, dann stellt sich die Frage von Konzentration nicht mehr, sie ist dann so selbstverständlich wie unser Herzschlag und unsere Atmung.

Ich höre dich schon fragen: Aber wie soll ich das tun. Wenn die Schule, die Großeltern, mein Mann nicht mitspielen, kann ich das doch nie schaffen. Doch, du kannst! Vielleicht nicht so schnell, wie du dir das wünschst, aber stetig. Friede fängt zu Hause an, eine Umorientierung ebenso.

Grenzen (wie bei der Flüchtlingswelle im September 2015) konnten sich nur öffnen, weil viele einzelne Menschen auf die Straße gegangen sind und begonnen haben etwas zu tun. Niemand hat zu diesem Zeitpunkt, als es nur eine kleine Gruppe war, geahnt, dass es solche Ausmaße nehmen würde. Es brauchte einige wenige, die begonnen haben etwas zu tun.

Genauso ist es mit der notwendigen Lebensumorientierung. Diese ist unbedingt notwendig, braucht Einzelpersonen, die beginnen und es erfordert Ausdauer sowie Mut. Denn diese Veränderung geht nicht von heute auf morgen.

Ich bin überzeugt davon, dass ein Großteil der Lern- und Verhaltensproblematiken verschwinden oder sich verändern, wenn wir uns wieder erden und zum Ursprung (was das auch immer für den Einzelnen heißt) zurückfinden.

MITEINANDER

Es ist noch nicht lange her, seit der große Flüchtlingsstrom durch Ungarn marschiert ist und die Menschen in Österreich und Deutschland große Hilfsbereitschaft gezeigt haben. Ich verfolge das Geschehen mit Spannung. Von Politologen kann man immer wieder hören und lesen, dass sich unsere Gesellschaft nun neu strukturiert. Wir müssen neue Gesellschaftsformen finden, das gefällt mir. Dem kann ich nur zustimmen. Ich glaube, diese Neustrukturierung ergibt sich nicht wegen der vielen Flüchtlinge, die nach Europa kommen, die war schon lange spürbar und ist schon längst notwendig, wenn nicht sogar überfällig. Diese Flüchtlingswelle war nur der Auslöser dafür.

Mir fällt in diesem Zusammenhang immer folgende Sage ein, die uns unsere Volksschullehrerin vorgelesen hat. Sie hat mich schon damals lange beschäftigt.

Dachstein

Einst bedeckten fette Triften den Gebirgsstock des Dachsteins und stattliche Herden weideten dort. Es herrschte solcher Überfluss, dass Schäfer und Tiere sich in Milch badeten, die Schlünde der Berge mit Butter ausfüllten und ihre Küchen und Ställe mit Käse pflasterten. Endlich beschloss Gott, die Hochmütigen zu züchtigen. Eines Tages verfinsterte sich der Himmel, ungeheure pechschwarze Wolken lagerten sich über die Gipfel, zerbarsten in ganze Lawinen von Schnee und Hagel, während ein schauerlicher Sturm die Felsen übereinander warf. Als das Unwetter vorüber war, waren die Hütten mitsamt ihren Bewohnern unter ungeheuren Gletschern begraben. Nur bei großer Hitze träufelt ein milchiges Bächlein vom Gosaugletscher. Es ist die Milch, in der sich die Hirten einst badeten.

Nach: Auguste Marguillier (www.sagen.at)

Eine schöne und passende Metapher für das, was gerade in unserer Gesellschaft passiert. Wir stehen kurz vor dem Kollaps, es muss sich etwas ändern.

Ich glaube an eine Neustrukturierung, vielleicht weil ich sie mir so sehr wünsche. Hoffentlich ordnet, verändert und verbessert sich neben Gesellschaftsformen auch noch das Schulsystem, die Art und

Weise wie wir mit Kindern umgehen, wie wir sie erziehen, fördern und fordern.

Eine Umstrukturierung tut Not. Möglicherweise finden wir dadurch wieder einen neuen Sinn im Leben. Neue (oder alte?) Werte können entstehen. Werte wie Hilfsbereitschaft, Rücksichtsnahmen, Mitmenschlichkeit, Liebe und Vertrauen, Sicherheit und Achtung der Andersartigkeit.

Teamarbeit, Zusammenhelfen und -halten kann wieder gelebt werden. Dies wiederum verbessert das Miteinander und möglicherweise wird Mobbing zum Fremdwort.

Wenn diese Werte wieder vermehrt im Alltag gelebt werden, werden sich auch unser Körper, unsere Seele und unser Geist umstrukturieren.

Stelle dir einfach nur rein hypothetisch die Frage: Was könnte passieren?

Ich glaube wir fühlen uns besser, werden zufriedener und ruhiger. Dadurch kann sich unser Körper erholen. Blutwerte und Blutdruck können sich bessern. Wir haben mehr Energie für Neues...

Ja, ich weiß, das sind alles hypothetische Annahmen. Aber ich weiß auch, dass dies rein theoretisch ganz leicht möglich wäre und verwirklicht werden könnte.

Momentan entfernen wir uns immer mehr voneinander. Wir spielen nicht mehr gemeinsam, sind nicht wirklich miteinander in Kontakt und können uns nicht mehr gemeinsam organisieren.

Wenn ich bei Workshops oder Projekten Kindern eine gemeinsame Aufgabe stelle, in der es darum geht miteinander etwas zu gestalten, bin ich immer wieder erstaunt, wie oft das eskaliert. Kinder können sich nicht mehr organisieren, auf den anderen einlassen und miteinander sprechen.

Konzentration heißt, sich so zu organisieren, dass eine bestimmte Aufgabe bewältigt werden kann. Wie soll das gehen, wenn man nicht mehr lernt sich in einer Gesellschaft zu organisieren? Wie innen so außen und umgekehrt. Wenn ich mich mit anderen nicht organisieren kann, kann ich es auch nicht mit mir selbst. Kann ich mich selber nicht organisieren, kann ich mich auch nicht in eine Gruppe einfügen.

Wenn wir wollen, dass sich unsere Kinder wieder konzentrieren können, müssen wir ihnen ermöglichen sich selber wahrzunehmen und zu organisieren, diese Erfahrung zu verinnerlichen und auf das Gemeinschaftsleben zu übertragen.

Die Computer- und SMS-Sprache besteht aus kurzen unverständlichen Mundartgefügen, gespickt mit Emoticons. Man spricht und schreibt nicht mehr in ganzen Sätzen. Wie soll so eine gemeinsame Verbindung entstehen?

Wann hast du das letzte Mal einen Brief oder einen Brief in Form eines Mails geschrieben? Einen Brief, in dem du dich in ganzen Sätzen ausgedrückt und dein Anliegen genau beschrieben hast. Wann hast du das letzte Mal eine Karte aus dem Urlaub geschrieben? Wir haben heuer aus dem Urlaub seit langem wieder einmal Postkarten versandt. Die Reaktion war unglaublich, damit habe ich gar nicht gerechnet. Viele haben sich per Mail, SMS oder durch einen Telefonanruf bei uns bedankt. Es ist nicht mehr selbstverständlich. Aber es ist ein Zeichen, dass ich an jemanden denke. Ein Akt des Mitgefühls und der Mitmenschlichkeit.

Wir brauchen einfühlsame Kommunikation. Erzählen, zuhören, ausreden lassen fördert die Konzentration. Wenn du deinem Kind helfen willst sich besser zu konzentrieren, dann rede mit ihm, haltet Familienkonferenzen ab, diskutiert und philosophiert miteinander.

Regelmäßige Familienkonferenzen sind eine gute Möglichkeit um über so manche Krisen, schwierige Zeiten und auch kleinere Problem hinweg zu kommen. Jedes Mitglied fühlt sich angenommen, ernst genommen und kann seinen Beitrag leisten. Anschließend ist es viel leichter wieder seine Aufgaben zu übernehmen. Manchmal braucht es viele Gespräche um Ergebnisse zu erzielen, manchmal dauert es etwas länger bis man ein Ergebnis erkennt. Aber Familienkonferenzen haben immer eine positive Wirkung.

Einige Regeln gehören natürlich beachtet

(einige Prinzipien und Regeln nach Rudolf Dreikurs):

Prinzipien:

- Teilnehmen sollen alle Menschen, die in einer Wohngemeinschaft zusammen leben.
- Sollen Familienkonferenzen effektiv sein, müssen sie regelmäßig durchgeführt werden (am besten einmal wöchentlich). Wenn man einen bestimmten Wochentag und eine bestimmte Uhrzeit festlegt, etabliert sich der Familienrat sehr schnell.
- Eine lockere Atmosphäre ist empfehlenswert.
- Der Familienrat braucht eine Leitung, die in bestimmten Abständen wechselt. Auch Kinder im Schulalter können die Leitung übernehmen.
- Die gemeinsame Beratung braucht auch eine Tagesordnung, z.B.: Begrüßung, alte Probleme und Lösungen, neue Probleme und Lösungen, Allfälliges, Lob und Anerkennung.
- Die Ergebnisse werden in einem Protokoll festgehalten.

Regeln:

- Jeder darf seine Anliegen ohne Unterbrechung vortragen. Jeder lässt jeden ausreden.
- Alle Entscheidungen sollten einstimmig gefällt werden. Bei sehr komplizierten Themen kann eine Entscheidung auch vertagt werden.
- Alle Themen dürfen diskutiert werden, es gibt keine Einschränkungen.
- Es besteht uneingeschränkte Meinungsäußerung, niemand wird getadelt, kritisiert oder bewertet.
- Auch erfreuliche Ereignisse werden besprochen.

Unsere Menschheit verlernt miteinander zu reden. Jeder sitzt vor seinem Handy oder seinem iPad und kommuniziert in den Social Medien.

Wir müssen wieder lernen miteinander zu leben, damit wir uns auch einzeln organisieren und konzentrieren können. Wir brauchen beides - alleine sein und zusammenleben. In unserer Gesellschaft mangelt es zur Zeit an beidem.

Konzentration braucht Veränderung. Was wollen uns die vielen Kinder, die unter Konzentrationsmangel und -störungen leiden, sagen? Ich betreue viele dieser Kinder und habe versucht zu fühlen und zu hören. Folgendes ist dabei heraus gekommen.

***Jonas**: Es ist mir zu viel. So viele Stunden, so viel Lernstoff, so viel Anforderung und so viele Zusatzangebote - ich mag nicht mehr. Aber ich habe eine Methode gefunden, um das alles auszuhalten. Ich träume mir meine eigene Welt, ich entfliehe diesem Chaos, am liebsten in der Schule.*

Annabell: *Das was wir in der Schule lernen brauche ich nicht. Gut, nicht alles ist unsinnig, aber viel. Ich brauche etwas anderes, z.B. möchte ich lernen, wie wir es schaffen, dass keine Menschen Hunger leiden müssen. Ich möchte mir Gedanken machen, welche Gesellschaftsformen und Regeln es braucht, damit alle Menschen in Frieden zusammen leben können. Das würde mich interessieren - da wäre ich dabei!*

Timo: *Mein Rücken schmerzt, da kann ich mich nicht konzentrieren. Ich habe andauernd Stress. Meine Mutter nörgelt, weil ich nichts auf die Reihe bekomme. Mein Vater schimpft, weil ihm meine Mutter Druck macht. Alle wollen immer, dass ich alles kann. Das halte ich nicht aus. Dann beame ich mich weg. Am besten geht das mit Computerspielen. Da bin ich auf Knopfdruck in einer anderen Welt und kann den ganzen Stress hinter mir lassen.*

Lea: *Ich brauche das doch alles nicht. Ich interessiere mich für Sprachen und andere Länder. Ich schreibe gerne Geschichten, schon seit der Volksschule und möchte später ganz bestimmt beruflich etwas mit Sprachen machen. Wozu brauche ich höhere Mathematik, Physik und Chemie in diesem Ausmaß. Ein solides Grundwissen würde für mich völlig ausreichen. Das ist sehr frustrierend.*

Anton: *Das kann ich verstehen. Ich interessiere mich sehr für Biologie, da habe ich ein großes Wissen, das ist mein Leben. Aber weil ich mir mit Sprachen sehr schwer tu und ich auch in der Rechtschreibung Probleme habe, werde ich die Matura nicht schaffen und kann leider nicht Biologie studieren. Das stresst mich so, dass ich mich immer weniger konzentrieren kann. Die Grundbegriffe würde ich schaffen, aber diese hohen Anforderungen sind leider zu viel.*

Kinder brauchen ein neues Miteinander, neue Strukturen und Werte. Zusammenhalt, das Gefühl, nicht alleine zu sein, und jemanden zu haben, hilft unseren Kindern wieder zufriedener zu werden. Dies ist die Grundvoraussetzung, damit Kinder sich konzentriert weiter entwickeln und sich auf ihre Zukunft vorbereiten können. Unsere Zeit bietet davon immer weniger.

Damit das gelingen kann, braucht es mehr Zufriedenheit, Zeit und Ruhe. Ständige Aktivität, Geld und Besitz schaffen das nicht.

KONZENTRATION UND SPIRITUALITÄT (GLAUBE)

„Als ich 5 Jahre alt war, erzählte mir meine Mutter,

dass Glücklichsein der wahre Schlüssel

zu einem erfüllten Leben ist.

Mit 6 wurde ich schließlich in der Schule gefragt,

was ich denn werden möchte,

wenn ich mal groß bin.

Ich antwortete „glücklich“.

Meine Lehrerin meinte, ich hätte die Frage

falsch verstanden.

Ich wusste aber,

sie hatte das Leben falsch verstanden.“

John Lennon

Um über Spiritualität schreiben zu können, muss man erklären, was man damit meint bzw. nicht meint. Auch hier ist durch eine übergroße Vielfalt Verwirrung entstanden.

Ich distanziere mich von einer "Ego-Esoterik", in der es nicht um eine Entwicklung vom ICH zum DU geht.

Spiritualität heißt für mich auch keinesfalls, dass alles nur lieb und nett ist und man versucht eine "Heile-Weile-Welt" zu leben, die es noch nicht geben kann. Wir leben in der Dualität, d. h. es gibt Tag und Nacht, hell und dunkel, heiß und kalt, aber auch angenehm und unangenehm. Alles darf sein und ist erlaubt, so auch in der Erziehung.

So vieles wird über Spiritualität gesagt, getan und geschrieben. Vieles wird belächelt und schlecht gemacht. Vieles wir getan ohne zu hinterfragen und zu merken, dass es etwas Spirituelles ist.

Spirituelle Erziehung heißt für mich annehmen was ist und aus diesem Annehmen heraus ein Bewusstsein zu schaffen, das der höchsten Liebe (oder wie immer du das für dich nennen willst) dient. Somit kann ich auch in der Erziehung erkennen, verändern und neue Wege schaffen.

Spiritualität heißt für mich gemeinsame Weiterentwicklung auf der Basis von Liebe und Vertrauen. Jeder trägt in sich den Wunsch nach Entwicklung, etwas zu gestalten oder zu erschaffen, nach Liebe, Anerkennung und Geborgenheit. Bestimmt hat jeder Mensch in seinem Leben einen anderen Schwerpunkt und muss seinen eigenen Weg gehen, um sein Ziel zu erreichen. Diesen Funken, den jeder Einzelne in sich trägt, so gut wie möglich zu entwickeln, nenne ich Spiritualität.

In unserer Welt gibt es eine Unmenge an Ablenkungen, oft gehen wir Umwege und verlieren unser Ziel. Wenn wir mithelfen wollen, dass sich unsere Welt, unser Leben, unsere Zukunft so gut wie irgend möglich weiterentwickeln kann, müssen wir beginnen bewusster zu denken, zu handeln und zu leben.

Sicher ist, dass wir Änderungen, Neuorientierungen und ein anderes Bewusstsein brauchen, damit sich die Welt wieder zum Besseren verändert. Die Natur, die Menschen mit ihren Problemen und ihrem Verhalten und vor allem eine Vielzahl unserer Kinder zeigen uns, dass ein Umdenken unbedingt notwendig ist.

In der Nähe von Bangkok treffen sich jährlich ca. eine Million Schulkinder im Dhammakaya Tempel, um für die Veränderung der Welt und den Weltfrieden zu meditieren.

Dr. Phramaka Samcha, der Veranstalter von Change the World, antwortet auf die Frage wie man die Welt verändern kann: "Wenn man sich selbst verändert, kann man die Welt verändern."

Er ist fest davon überzeugt, dass sich die Welt verändern kann, wenn man versucht aus Kindern bessere (für mich bewusstere) Menschen zu machen und das letztendlich auch den Weltfrieden bringen kann.

Dieser Mann spricht mir aus der Seele. Das ist der Hauptgrund für meine Arbeit in der Praxis, meine Vorträge, Seminar und auch für dieses Buch. Wenn wir eine friedliche Welt wollen und ich bin überzeugt, dass eine große Anzahl von Menschen, die auf diesem Planeten leben, das wollen, dann müssen wir an uns selber arbeiten und unsere Kinder zu friedliebenden, bewussten Menschen erziehen. Darum bekommen wir Kinder, das ist der Sinn von Erziehung. Es geht nicht darum ihnen die besten, größten Geschenke zu machen, sie zu verwöhnen und in eine Konsumwelt hineinzudrängen. Wir müssen ihnen Zeit, Liebe, Geborgenheit und Anerkennung schenken, damit sie sich zu friedliebenden und bewussten Wesen entwickeln können.

Sich selbst zu verändern ist die Lösung. Wie innen, so außen. Unser Unfriede, unser Stress und Druck spiegelt sich im außen wider. Meist sind unsere Kinder unser perfekter Spiegel und bringen die Dinge nach außen.

Sich selbst zu verändern heißt nicht, Ungerechtigkeiten im Außen zu ignorieren. Es heißt aber zuerst eine schonungslose Innenschau zu halten, eigene Ängste und Blockaden, die im bisherigen Leben hinderlich waren, aufzuspüren, um dann den Fokus auf positive Eigenschaften und Absichten zu lenken. Dies wirkt vorerst positiv auf sich selber, im Weiteren auf die ganze Familie und Freunde. Wenn man dabei bleibt und nicht aufhört, vergrößert sich diese

Energie und wirkt sich auf die ganze Umgebung, das Arbeitsfeld, die Freunde und darüber hinaus aus.

Dass Meditation eine positive Wirkung auf unsere seelische und körperliche Gesundheit hat, ist mittlerweile wissenschaftlich bewiesen. Thailändische Kinder, die täglich 15 Minuten meditieren sagen, dass sie sich besser fühlen und mehr konzentrieren können.

Hast du Lust bekommen dich selbst zu verändern? Im Anschluss liste ich ein paar Möglichkeiten auf, die man schnell und unkompliziert anwenden kann. Wenn du dich in diese Thematik vertiefen möchtest, findest du im Buchhandel eine Vielzahl von hilfreicher Literatur. Die Sache hat nur einen Haken: Man muss es konsequent und regelmäßig anwenden. "Der Typ bin ich nicht!", sagst du jetzt. Ich sage: "Das glaube ich dir nicht! Du hast die Konsequenz, dir täglich die Zähne zu putzen, dich zu waschen, zu essen und zu trinken, deine Mails, SMS und Apps zu kontrollieren, du hast auch, wenn du willst, die Konsequenz dich zu verändern und dafür etwas zu tun."

Ich wünsche dir viel Spaß und Erfolg dabei!

- *Nimm dir täglich 10 Minuten Zeit. Zünde eine Kerze an, höre beruhigende Musik und achte auf deinen Atem. Bewerte dich nicht. Lass den Atem sein, so wie er ist. Beachte nur, wie dein Atem ist und wie er sich verändert.*

- *Lege dir ein Tagebuch zu und schreibe täglich 5 Minuten das auf, was gerade von dir aufgeschrieben werden will. Du kannst über ein Ereignis schreiben, etwas das dich schon lange beschäftigt, was du verändern möchtest oder einfach nur Zahlen, Buchstaben und Worte, die dir in den Sinn kommen. Bewerte nicht, lass einfach zu, was passiert.*

- *Schreibe täglich am Abend 20 Dinge auf, die dir gut gelungen sind.*

- *Schreibe täglich 10 Dinge auf, für die du dich bedanken möchtest.*
- *Sprich positive Affirmationen.*
- *Gehe täglich spazieren.*
- *Zur Ruhe kommen heißt auch, in eine andere Wahrnehmung zu kommen. Unsere Hektik treibt uns an die Oberfläche des Bewusstseins. Wir nehmen nicht mehr richtig wahr und können uns nicht mehr konzentrieren. Tiefe Wahrnehmung gehört wieder erlernt und trainiert.*
- *Es gibt ein wunderschönes hawaiianisches Vergebungsritual Ho'oponopono, das ich auf diesem Wege gerne weiter gebe. Mit diesen 4 Sätzen lassen sich innere und äußere Konflikte oft sehr gut lösen:*

  1) Es tut mir leid.

  2) Ich verzeihe dir und ich verzeihe mir.

  3) Ich liebe dich und ich liebe mich.

  4) Danke für die Heilung.

Ich weiß, diese Liste beinhaltet nichts Besonderes und großartig Neues. Aber es sind die einfachen, oft alltäglichen Dinge, die dich selber, deine Kinder, deine Familie, deine Umgebung und die gesamte Menschheit zu friedvolleren und zufriedeneren Menschen werden lassen.

KONZENTRATION UND HUMOR

Humor ist, wenn man trotzdem lacht...

Oft brauchen verfahrene, schwierige Situationen Humor, um die Grenze des Unüberwindlichen zu durchbrechen.

Ich habe vier Kinder, oft komme ich an meine Grenzen und bin ratlos, wenn gewisse Dinge einfach nicht funktionieren wollen. In den ausweglosesten Situationen hat meist ein gemeinsames Lachen, das zu Beginn sicher ein verzweifeltes Lachen war, geholfen neue Wege zu beschreiten.

Ich ermutige euch, erlaubt euch zu lachen. Bringt die Freude wieder in euer Leben. Spielt miteinander und genießt das Leben.

Werden wir wieder wie die Kinder (wie sie ursprünglich einmal waren und sein sollten), d*enn ihnen gehört das Himmelreich* (auf Erden).

Natürlich gibt es noch viele Faktoren, warum sich ein Kind nicht konzentrieren kann. Ich behandle diese Thematik aus der Sichtweise einer Pädagogin, denn da liegt meine Profession. Für weitere Themen habe ich in der Literaturliste hilfreiche Bücher angeführt.

Und denk daran, nicht alles passt für dich....

NACHWORT

4 Kinder, ein Ehemann, ein Haus, zwei Katzen, ein Aquarium, ein Chamäleon, eine eigene Praxis…

Wie bitte ist es möglich auch noch ein Buch zu schreiben?

Das ist die am zweit öftesten gestellte Frage!

Dieses Buch wurde in Zeiten geschrieben in denen ich ansonsten im Facebook gescrollt hätte, im Internet gesurft wäre, vor dem Fernseher gelegen wäre, mich mit Freundinnen getroffen und besprochen hätte, bei wem gerade was passiert ist.

Mir ist das alles nicht abgegangen. Es hat mir gut getan, mich zu mir selber gebracht und mich glücklich gemacht.

Dieses Buch ist kein wissenschaftliches, sondern ein emotional-pädagogisches Buch. Es soll die Menschen zum Nachdenken anregen und sie ins Gefühl bringen.

Ich erhebe keinen Anspruch auf Vollständigkeit, es soll den Menschen Anregungen bieten, sie motivieren, ihr Leben neu zu gestalten und in ihrer Liebe und ihrem Tun bestätigen.

Ich wünsche mir, dass mit Hilfe dieses Buches ein paar der Gefühle, die sich in mir entwickelten – Glück, Freude, Liebe, Ruhe, Einsamkeit, Eins - Sein mit dem Universum – zu dir überspringen, sich bei dir ausbreiten und weiter entwickeln.

DANKSAGUNG

Allen, die zum Entstehen dieses Buches beigetragen haben, möchte ich ganz herzlich danken und die wichtigsten Menschen erwähnen.

Das sind vorerst alle Kinder, Jugendlichen und deren Eltern, die mir ihr Vertrauen schenkten.

Ebenfalls bedanken möchte ich mich bei allen Lehrern, Experten und Forschern, die mich durch ihr Wissen und Wirken bereichert haben.

Auch meine Familie und viele Freunde waren mir eine große Unterstützung, vor allem haben sie an mich geglaubt.

Danke an Natalie Glanzmann, die bereit war das Buch Korrektur zu lesen. Ich danke dir auch für deine positive Kritik und dein Interesse.

Gulla, vielen Dank für dein Engagement und das Titelbild. Es ist eine große Kunst, von mir ein Foto zu machen, mit dem ich zufrieden bin.

Herzlichen Dank auch an meinen Lieblingsschriftsteller René Freund für viele hilfreiche Hinweise und Tipps.

Ein ganz besonderer Dank geht an Karin und Bernhard Bayer, die bereit waren dieses Buch zu verlegen.

LITERATURLISTE

Ayres; A. Jean: Bausteine der kindlichen Entwicklung. Berlin Heidelberg 2002.

Beigl, Dorothea: Flügel und Wurzeln. Dortmund 2009.

Crone, Eveline: Das pubertierende Gehirn. Wie Kinder erwachsen werden. München 2011.

Frenkel, Beate; Randerath Astrid: Die Kinderkrankmacher. Freiburg im Breisgau 2015.

Grafinger, Magda: Mototherapie bei Kindern. Wahrnehmungsförderung im Vor- und Volksschulbereich. Berlin 2010.

Grün, Anselm; Rogge Jan-Uwe: Kinder wollen Antworten. Wie spirituelle Erziehung Familien stärkt. Hamburg 2011.

Goddard Blythe, Sally: Greifen und Begreifen. Wie Lernen und Verhalten mit frühkindlichen Reflexen zusammenhängen. Kirchzarten bei Freiburg 1998.

Goddard Blythe, Sally: Warum ihr Kind Bewegung braucht. Optimale Entwicklung fördern – von Anfang an. Freiburg 2005.

Juul, Jesper: Das kompetente Kind. Hamburg 2003.

Kesper, Gudrun (Hrsg.): Sensorische Integration und Lernen. München 2002.

Kesper Gudrun; Hottinger Cornelia: Mototherapie bei Sensorischen Integrationsstörungen. Eine Anleitung zur Praxis. München Basel 1994.

Largo, Remo H.: Kinderjahre. Die Individualität des Kindes als erzieherische Herausforderung. München 2000.

Largo, Remo H.: Schülerjahre. Wie Kinder besser lernen. München 2009.

Largo, Remo H.: Lernen geht anders. Bildung und Erziehung vom Kind her denken. München 2012.

Lifton, Betty Jean: Der König der Kinder. Das Leben von Janusz Korczak. Stuttgart 1995.

Precht, Richard David: Anna, die Schule und der liebe Gott. München 2013.

Rogge, Jan-Uwe: Ängste machen Kinder stark. Hamburg 2001.

Rogge, Jan-Uwe: Das NEUE Kinder brauchen Grenzen. Hamburg 2012.

Rogge, Jan-Uwe: Wenn Kinder trotzen. Hamburg 2006.

Rogge, Jan-Uwe: Kinder dürfen aggressiv sein. Hamburg 2007.

Rogge, Jan-Uwe: Der große Erziehungsberater. Hamburg 2005.

Rogge, Jan-Uwe; Bartram Angelika: Warum Raben die besseren Eltern sind: …oder wie wir wieder lernen können loszulassen. Hamburg 2014.

Für Deine Notizen